Klaus Busch/Axel Troost/Gesine Schwan/Frank Bsirske u.a.
Europa geht auch solidarisch!

W0110173

Klaus Busch ist Professor (i.R.) für Europäische Studien an der Universität Osnabrück und europapolitischer Berater der Gewerkschaft ver.di.

Axel Troost, Dr., ist stellvertretender Vorsitzender der Partei DIE LINKE, finanzpolitischer Sprecher der Bundestagsfraktion DIE LINKE und einer von fünf VorstandssprecherInnen des Instituts Solidarische Moderne (ISM). Seit 1981 ist er Geschäftsführer der Arbeitsgruppe Alternative Wirtschaftspolitik (Memorandumgruppe).

Gesine Schwan, Prof. Dr., ist Mitgründerin und Präsidentin der im Juni 2014 gegründeten HUMBOLDT-VIADRINA Governance Platform, Berlin. Seit 1996 gehört sie zu den Mitgliedern der Grundwertekommission beim Parteivorstand der SPD.

Frank Bsirske ist Vorsitzender der Vereinten Dienstleistungsgewerkschaft ver.di, Mitglied von Bündnis90/Die Grünen.

Joachim Bischoff, Dr., ist Ökonom und Publizist, Mitherausgeber der Zeitschrift *Sozialismus*.

Mechthild Schrooten, Prof. Dr., ist Professorin für Volkswirtschaftslehre mit den Schwerpunkten Geld und Internationale Integration an der Hochschule Bremen sowie SprecherIn der Arbeitsgruppe Alternative Wirtschaftspolitik (Memorandumgruppe).

Harald Wolf war von 2002 bis 2011 Wirtschaftssenator in Berlin. Seitdem ist er Mitglied des Abgeordnetenhauses und dort verkehrs- und energiepolitischer Sprecher der Fraktion DIE LINKE und Mitglied des Parteivorstands der LINKEN.

Klaus Busch/Axel Troost/
Gesine Schwan/Frank Bsirske/
Joachim Bischoff/Mechthild Schrooten/Harald Wolf

Europa geht auch solidarisch!

Streitschrift für eine
andere Europäische Union

VSA: Verlag Hamburg

www.vsa-verlag.de

Die Streitschrift entstand unter Mitarbeit von Philipp Hersel und Rainald Ötsch.

Druck- und Buchbindearbeiten: CPI books GmbH, Leck
ISBN 978-3-89965-745-6

Inhalt

Warum diese Streitschrift?

Die europäische Integration befindet sich in der schwierigsten Phase seit Inkrafttreten der Römischen Verträge. Die Europäische Union (EU) zeigt sich nicht in der Lage, die Strukturmängel der Maastrichter Wirtschafts- und Währungsunion zu heilen. In der Flüchtlingskrise ist es den EU-Mitgliedstaaten nicht gelungen, eine gemeinsame Politik mit einem gemeinschaftlichen Verteilungsschlüssel für Zufluchtsuchende zu entwickeln. Das Vertrauen zwischen einzelnen Mitgliedstaaten erodiert. Das Verhältnis zwischen der EU und den Mitgliedsländern ist angespannt. In etlichen Teilen Europas haben sich Re-Nationalisierungstendenzen verstärkt. Für die EU am folgenreichsten sind diese nationalistischen Bestrebungen in Großbritannien zutage getreten, wo am 23. Juni 2016 eine Mehrheit der Bürgerinnen und Bürger für einen Austritt aus der EU gestimmt hat (Brexit).

Diese Streitschrift widmet sich den aktuellen Krisenprozessen der EU und zeigt praktikable Lösungsvorschläge zu ihrer Überwindung auf. In Kapitel 1 werden einleitend die ökonomischen und sozialen Krisen der EU sowie die problematischen Re-Nationalisierungstendenzen thematisiert. Die Flüchtlingskrise, der Bruch mit der Willkommenskultur sowie das Konzept einer »Festung Europa« sind Gegenstand von Kapitel 2. Danach werden die Konstruktionsmängel des Maastrichter Vertrages sowie die ökonomischen und sozialen Folgen der Austeritätspolitik in der Eurozone untersucht (Kapitel 3). Das zentrale Kapitel 4 diskutiert ausführlich die »linken« Ausbruchsversuche aus dem Euroregime. Dabei wird deutlich, dass die »Eurexit«-Position in mehrfacher Hinsicht große Argumentationsschwächen aufweist. Ihre politische Umsetzung würde die EU, aber auch die Exit-Staaten, in massive sozialökonomische Krisen stürzen. Angesichts dieser negativen Folgen eines Ausstiegs aus dem Euro plädiert diese Streitschrift im Kapitel 5 für eine radikale Reform der EU und des Euroregimes. Es wird gezeigt, dass mit einem tiefgreifenden Paradigmenwechsel in der Wirtschafts-, Beschäftigungs- und Sozialpolitik sowie durch die Einführung einer alternativen europäischen Regulierung der Leistungsbilanzungleichgewichte (Ausgleichsunion), der Staatsschulden und der Finanzmärkte die EU ihre Krisen überwinden und stabilisieren kann. Ein anderes, ein solidarisches Europa ist möglich!

Kapitel 1
EU-Krisenprozesse und problematische
Re-Nationalisierungstendenzen

Die Europäische Union steht an einem Scheideweg. Lange Zeit wurde die europäische Idee mit der Hoffnung verbunden, endlich die nationalen Gräben zu überwinden und nach zwei Weltkriegen den Frieden in Europa zu sichern. Kooperation statt Konfrontation – das galt vielen als Grundlage für Wohlstand und Demokratie. Davon ist heute nur noch wenig zu erkennen. Denn es ist unübersehbar – die europäische Integration befindet sich in einer tiefen, wenn nicht existenziellen Krise. »Das Scheitern Europas ist ein realistisches Szenario«, konstatierte EU-Parlamentspräsident Martin Schulz (SpiegelOnline, 25.12.2015).

Der Nationalismus ist zurück in Europa. In vielen Ländern Europas befinden sich rechtspopulistische und rechtsextreme Parteien im Aufwind. Der Front National in Frankreich, die FPÖ in Österreich, Geert Wilders' Partij voor de Vrijheid, die Dänische Volkspartei, die Schwedendemokraten, die Wahren Finnen, die AfD in Deutschland – sie alle stehen für eine erstarkende politische Strömung, die das Heil in Abschottung und nationalistischer Abgrenzung sucht. Sie sind nicht nur Ausdruck einer Legitimations- und Hegemoniekrise in den jeweiligen Nationalstaaten, sondern auch einer Abwendung immer breiterer Bevölkerungsschichten von der Idee der europäischen Integration.

Der Brexit muss kein Einzelfall bleiben, sollte sich in Frankreich der Front National, in Österreich die FPÖ oder in Italien die Bewegung Cinque Stelle durchsetzen. In Osteuropa existiert mit der ungarischen Fidesz-Partei und der Regierung Orbán sowie der PiS-Regierung in Polen ein autoritärer Nationalismus, der gleichzeitig von einem radikal neoliberalen EU-Binnenmarkt profitieren will.

Spätestens seit der Finanzkrise 2008 ist das Wohlstandsversprechen der Europäischen Union obsolet. In den südeuropäischen »Krisenstaaten« herrscht Rekordarbeitslosigkeit von um die 25%

und eine Jugendarbeitslosigkeit von teilweise um die 50%. Sozialleistungen wurden dramatisch abgebaut, tarifliche und soziale Standards abgeschafft oder ausgehöhlt. Die Wirtschaftsleistung sowohl der Eurozone als auch in der EU insgesamt verharrt trotz des deutschen Exportbooms auf Vorkrisenniveau.

Die Fehlkonstruktion des Euro als Währungsunion ohne gemeinsame Wirtschafts- und Fiskalpolitik hatte die Leistungsbilanzungleichgewichte zwischen den Überschussländern (vor allem Deutschland) und den Defizitländern anwachsen lassen. So konnte aus der internationalen Finanzkrise die Eurokrise erwachsen. Der falschen Diagnose, die in der Eurokrise eine »Staatsschuldenkrise« sieht, folgt die falsche Therapie einer rigide verordneten Austeritätspolitik.

Die Troika aus Europäischer Kommission, Europäischer Zentralbank und Internationalem Währungsfonds und die Art der Entscheidungsfindung in der Eurogruppe sind Ausdruck neoliberaler »Postdemokratie« (Colin Crouch) – eines institutionellen Gefüges jenseits jeglicher demokratischer Kontrolle, das die Macht hat, demokratische Entscheidungen nationaler Parlamente oder gar Referenden wie in Griechenland auszuhebeln.

Der Euro hat die europäischen Staaten nicht zusammengeführt, sondern die Gräben zwischen den Staaten vertieft. Die Hauptverantwortung hierfür trägt die Bundesrepublik mit ihrer merkantilistischen Wirtschaftspolitik. Die einseitige Betonung nationaler Wettbewerbsfähigkeit trieb die Leistungsbilanzungleichgewichte auf die Spitze. Gleichzeitig setzte die Bundesrepublik als dominierende Macht in der Eurogruppe die rigide Austeritätspolitik gegen die Defizitländer durch. Das neoliberale Konzept des »Wettbewerbsstaates« verhinderte bislang eine solidarische Lösung der Eurokrise.

Das die öffentliche Meinung in Deutschland dominierende Bild vom »faulen Griechen«, der dem sparsamen und erfolgreich wirtschaftenden Deutschen auf der Tasche liegt, gab die Folie ab, auf der sich die von der neoliberalen Entsicherung aller Lebensverhältnisse Verunsicherten mit dem deutschen »Volk als Nation« (Poulantzas) identifizieren und gegen andere abgrenzen konnten. So stand die verfehlte Euro-»Rettungspolitik« beim Aufstieg der AfD Pate.

10

Mit der massiven Flüchtlingsbewegung nach dem Scheitern des »arabischen Frühlings« erfuhr die Krise der Europäischen Union eine weitere Akzentuierung. Das EU-System von Schengen mit der Gewährleistung von Freizügigkeit innerhalb der europäischen Union und der Sicherung der Außengrenzen (»Festung Europa«) bekam Risse. Mit dem Dubliner Übereinkommen wurde bereits vor längerer Zeit geregelt, dass derjenige Staat, in dem ein Flüchtling erstmals die EU betritt, für die Registrierung und die Durchführung des Asylverfahrens zuständig ist. Die EU-Staaten im Süden sind daher besonders von der Flüchtlingsbewegung betroffen. Dublin II vertiefte und schrieb die Spaltung zwischen Nord und Süd in der EU weiter fort (Kasparek/Tsianos 2012). Die Abschottung der EU-Außengrenze gegen Flüchtlinge und illegale Migration war und ist im Schengen-System die Voraussetzung der Personenfreizügigkeit im Inneren. Mit der wachsenden Zahl der Zuwanderung von Flüchtlingen über das Mittelmeer und dann weiter über die Balkanroute bzw. Italien war die EU-Außengrenze brüchig geworden. Die europäischen Staaten reagierten mit der Wiedereinführung von Grenzkontrollen und der Schließung von Grenzen. Diese Politik ging mit einer zunehmenden xeno- und islamophoben Stimmung und einer Stärkung des Rechtspopulismus in Europa einher. Eine solidarische Antwort auf die Herausforderung der Flüchtlingsbewegung – die Aufnahme von Flüchtlingen durch alle EU-Mitgliedstaaten – wurde durch das Gros der Mitgliedsstaaten verhindert. Als Reaktion darauf wurde mit dem Türkei-Deal die Sicherung der europäischen Außengrenze unter Missachtung aller menschenrechtlichen Standards an die türkisch-syrische Grenze ausgelagert. Gelöst wurde damit kein Problem, sondern das Elend der Flüchtlinge wurde weiter verschärft. Solange die Fluchtursachen nicht beseitigt sind, werden sich die Flüchtenden neue Wege suchen, um Europa zu erreichen.

Dies alles sind Symptome der Krise des bislang dominanten neoliberalen Hegemonieprojekts mit der Deregulierung und Ökonomisierung aller gesellschaftlichen Bereiche. Der Ausbau des Binnenmarktes, die Herstellung der Wirtschafts- und Währungsunion mit ihren Stabilitätskriterien und die Liberalisierung der Arbeitsmärkte waren die zentralen Integrationsmotoren (Wissel 2015).

Mit der Eurokrise und der Krise des Schengen-Systems ist dieser Integrationsmodus an seine Grenzen gestoßen. Dies führt auf der einen Seite zur Radikalisierung des Neoliberalismus, der – wie im griechischen Beispiel – autoritär die Austeritätspolitik gegen die Bürgerinnen und Bürger und die nationale Regierung durchsetzt. Auf der anderen Seite erwachsen daraus zentrifugale und nationalistische Tendenzen in der EU – der Brexit ist der letzte Höhepunkt dieser Entwicklung.

Auch in der deutschen und europäischen Linken ist nach der Niederlage von Syriza im Sommer 2015 die Diskussion entbrannt, welche Strategie angesichts der Krise der Europäischen Union und des weiterhin dominanten neoliberalen Kurses zu verfolgen sei. Die Stimmen, die einen »Lexit« als linken Ausweg favorisieren, haben zugenommen. Wir halten dies für einen Irrweg. Ein Austritt aus dem Euro oder ein Ende des Euro wäre mit gravierenden wirtschaftlichen und sozialen Verwerfungen verbunden und würde zu neuen Auseinandersetzungen zwischen den Nationalstaaten bis hin zu einem Wirtschaftskrieg führen.

Eine linke Antwort auf die Migrationsbewegung kann nicht die Rückkehr zum Nationalstaat und zu nationalen Grenzen sein. Zu Recht merkt Yanis Varoufakis an: »In der EU herrscht Freizügigkeit, das heißt, die Lexit-Befürworter akzeptieren (oder unterstützen gar aktiv) das Ende der Freizügigkeit und die Wiedereinführung von Grenzkontrollen inklusive Stacheldraht und bewaffneten Grenzbeamten.« (Varoufakis 2016) Und er fügt hinzu: »Ein ganz ähnlicher Punkt ist die Frage, ob nach Meinung der Lexit-Befürworter die Linke, sowohl diskursiv als auch auf der Ebene konkreter Maßnahmen, den Kampf gegen den fossilen Energiesektor gewinnen kann, indem sie die Rückübertragung der Umweltpolitik auf die nationalstaatliche Ebene unterstützt? An beiden Fronten steuert die Linke unter dem Lexit-Banner nach meiner Einschätzung auf katastrophale Niederlagen zu.«

Angesichts der Internationalisierung des Kapitals und der Transnationalisierung der Herrschaftsverhältnisse wird eine Politik illusionär, die auf eine Wiedergewinnung nationaler Souveränität durch einen Lexit hofft. Stattdessen gilt es, den Kampf um ein anderes Europa aufzunehmen: »Den neoliberalen Zauber … zu bre-

12

chen, heißt heute den europäischen Raum als Feld des Kampfes, des Experimentierens und der politischen Erfindung wiederzuentdecken. … Und schon jetzt kann man nur auf europäischer Ebene die Fragen von Lohn und Einkommen, die Festlegung von Rechten und des Umfangs des Sozialstaates, das Thema der Verfassungsveränderungen innerhalb der einzelnen Länder und die Frage der europäischen Verfassung aufwerfen. Heute gibt es außerhalb dieses Feldes keinen politischen Realismus.« (Negri/Mezzadra 2014)

Kapitel 2
Von der Willkommenskultur zur »Festung Europa«
oder das Versagen der EU in der Flüchtlingskrise

Im Jahr 2015 flüchteten mehr als eine Million Menschen über das Mittelmeer nach Europa. Das waren viermal mehr als zwölf Monate zuvor. Fast die Hälfte der Migrantinnen und Migranten kam aus Syrien, weitere 20% kamen aus Afghanistan.

Von den 2015 in der EU gestellten 1,3 Millionen Asylanträgen entfielen die meisten auf Deutschland (476.000), gefolgt von Ungarn (177.000), Schweden (162.000), Österreich (88.000) und Italien (84.000). In Bezug auf die Bevölkerungszahl sieht das Bild etwas anders aus. Da liegen Ungarn (17,98 je 1.000 Einwohner) und Schweden (16,67) vorn, gefolgt von Österreich (10,27), während Deutschland (5,87) noch hinter Finnland (5,91) liegt (Eurostat 2016).[1]

Obwohl Asyl- und Flüchtlingsfragen seit dem Vertrag von Amsterdam in der Kompetenz der Europäischen Union liegen und obwohl die mehr als 500 Millionen Einwohnerinnen und Einwohner zählende Union bei einer solidarischen Verteilung ökonomisch ohne Weiteres ein bis zwei Millionen Flüchtlinge jährlich aufnehmen könnte, war die EU nicht in der Lage, auf den Zustrom an Flüchtlingen gemeinschaftlich zu antworten. Im Gegenteil, während sich viele mittel- und osteuropäische Staaten (Visegrad-Staaten) sehr rasch für eine Abschottungspolitik gegenüber den Migrantinnen und Migranten aussprachen, reagierten Staaten wie Deutschland, Schweden und Österreich anfangs mit einer Willkommenskultur. Andere, wie Frankreich, Großbritannien, Spanien

---

[1] Die Zahl der Geflüchteten liegt tatsächlich sogar noch höher, da die Behörden mit der Annahme der Asylanträge nicht nachkamen. So kamen 2015 insgesamt etwa 890.000 Asylsuchende nach Deutschland, die inzwischen zum Großteil ein Asylverfahren durchlaufen. Etwa 50.000 haben ihre Asylanträge nicht weiter betrieben und sind mutmaßlich weitergereist (Pressemitteilung des Bundesministeriums des Innern vom 30.9.2016).

und Italien, nahmen eine zögerliche Position ein und unterstützten weder die Abschottungs- noch die Öffnungspolitik.

Aus dieser inneren Zerrissenheit der EU und der damit einhergehenden ungleichen Belastung der Staaten resultierten von Sommer 2015 bis Frühjahr 2016 erhebliche politische Konflikte. Diese drohten eine Zeit lang sogar das Schengen-System zu sprengen. Als zur Jahreswende 2015/16 auch Schweden und Österreich mit einer Politik der Begrenzung des Flüchtlingszuzugs begannen und in Deutschland nach der Kölner Silvesternacht die Auffassung »Wir schaffen das« weniger Zustimmung fand, gewann die Abschottungspolitik nach und nach die Oberhand.

Bundeskanzlerin Merkel hatte im August/September 2015 mit ihrer Öffnungspolitik die Haltung der Mehrheit der EU-Mitgliedstaaten falsch eingeschätzt. Zugleich schlug ihr innerhalb der CDU/CSU eine immer größere Opposition entgegen. In der Folge intensivierte sie die Verhandlungen mit der Türkei über ein Abkommen, das Europa in der Flüchtlingsfrage zu einer Festung umwandelt, in die nur sehr wenige Migrantinnen und Migranten »eindringen« können. Sie vollzog schließlich mit dem im März 2016 abgeschlossenen Übereinkommen mit der Türkei in einem atemberaubenden Tempo einen radikalen Bruch mit der Willkommenskultur und vollzog einen klaren Wechsel zu einer scharfen Abschottungspolitik. Sie hoffte damit, durch eine Art Befreiungsschlag die politische Spaltung in der EU zu überwinden, das Schengen-System zu retten und ihre Machtposition in Deutschland wieder zu festigen.

2.1 Die Ursachen der Flucht

Die Ursachen der wachsenden Flüchtlingsströme sind einerseits in den veränderten Rahmenbedingungen der Weltpolitik und andererseits – damit zusammenhängend – in der steigendenden Anzahl scheinbar unkontrollierbarer Konfliktherde vor allem im Nahen und Mittleren Osten sowie in Afrika zu suchen.

Seit dem Zusammenbruch der Bipolarität in den 1990er Jahren, der mit einer gleichzeitigen Schwächung der Großmächte USA und Russland verbunden war, haben regionale Konflikte, Kriege

16

im Nahen und Mittleren Osten sowie Bürgerkriege in Afrika kaum noch zu kontrollierende Dimensionen angenommen. Insbesondere in Afrika und im Nahen und Mittleren Osten gewinnt das Phänomen der »failed states« eine wachsende Bedeutung. Dies sind Staaten wie Syrien, Irak, Afghanistan, Libanon, Libyen, Jemen, Südsudan, Somalia, Zentralafrikanische Republik, Demokratische Republik Kongo und Sudan (Fund for Peace 2015), in deren Inneren das staatliche Gewaltmonopol faktisch zusammengebrochen ist. Eine unmittelbare Folge der unerträglichen Zustände für die in diesen Staaten lebenden Menschen sind Flucht und Vertreibung.

Unter den ca. 22 Millionen Flüchtlingen, die der UNHCR, das Flüchtlingskommissariat der UN, Ende 2014 weltweit zählte – Flüchtlinge, welche die Landesgrenzen überschritten haben –, stammt die Hälfte aus Afrika sowie dem Nahen und Mittleren Osten. Einschließlich der Binnenflüchtlinge lag die Gesamtzahl weltweit Mitte 2015 bei ca. 60 Millionen. Dabei ist in den letzten Jahren durch die Zunahme von Konfliktherden die Zahl der Flüchtlinge dramatisch angestiegen: Allein 2014 kamen ca. 14 Millionen Flüchtlinge neu hinzu, das waren viermal mehr als im Jahr 2010 (UNHCR 2015).

Neben diesen Fluchtursachen, die aus den veränderten weltpolitischen Rahmenbedingungen und der starken Zunahme der »failed states« entstanden sind, ist das ökonomische Entwicklungsgefälle zwischen reichen und armen Ländern als gewissermaßen »konstanter« Faktor für die Migrationsbewegung zu betrachten. Robert Barro hat auf der Grundlage vieler empirischer Studien eine Formel für das Migrationspotenzial entwickelt, das aus diesem Reichtumsgefälle resultiert. Danach erzeugt ein Einkommensunterschied von 10% eine Migrationsbewegung von den ärmeren in die reicheren Staaten in Höhe von 0,05% bis 0,15% der Bevölkerung der Ursprungsländer (Barro/Sala-I-Martin 1995).

Schließlich wird in Zukunft zunehmend ein ökologischer Faktor Migrationsbewegungen erzeugen. Klimawandel und die damit einhergehenden Veränderungen sowohl der Produktionsbedingungen in der Landwirtschaft (Bodenerosion und Dürre) als auch der Siedlungsbedingungen in den von Überschwemmungen bedrohten Regionen werden im erheblichen Maße zu Fluchtbewegungen, möglicherweise Kriegen und Vertreibungen führen. Schon in der Gegenwart sind solche Phänomene zu beobachten, etwa 2016 in Folge der vom El-Niño-Phänomen erzeugten Dürrekatastrophen im südlichen Afrika.

2.2 Die Zuspitzung der Flüchtlingskrise 2015/2016 und das EU-Türkei-Abkommen

Wie einleitend erwähnt, hat die starke Zunahme der Fluchtbewegung nach Europa im Jahr 2015 politische Reaktionen ausgelöst, die ihren Grundton in einem raschen Tempo änderten und in der Tendenz in nur einem Dreivierteljahr einen Richtungswechsel von einer Willkommenskultur zu einer harten Abschottungspolitik brachten. Dieser Umbruch hat sich in drei Phasen vollzogen, die im Folgenden näher dargestellt werden.

Das Scheitern einer gemeinsamen europäischen Flüchtlingspolitik (Juli bis September 2015)
Im Sommer 2015 verstärkte sich der Zustrom von Flüchtlingen nach Europa in einem bis dahin unbekannten Ausmaß. Angesichts dieser Flüchtlingsbewegung erklärten die Visegrad-Staaten (Polen, Tschechien, Slowakei und Ungarn) schon im Juli 2015, sie seien zu keiner weiteren Aufnahme von Migrantinnen und Migranten bereit. Ungarn, das gegenüber 2014 eine Vervierfachung der Flüchtlingszahlen registrierte, kündigte an, zum Schutz der EU-Außengrenze (gegenüber Serbien) einen Grenzzaun zu bauen. Ende August/Anfang September spitzte sich die Lage in Ungarn zu, weil sich viele Flüchtlinge weigerten, in Ungarn registriert zu werden. Es kam zu Ausbrüchen aus den Flüchtlingslagern und spontanen Fußmärschen Richtung Österreich und Deutschland. Daraufhin erklärte Bundeskanzlerin Merkel am 5. September, Deutschland sei bereit, die Flüchtlinge aus Ungarn aufzunehmen. Dies geschah ohne Registrierung der betroffenen Personen und ohne Überprüfung ihres Asylanspruchs. Über die Motivation dieses humanitären Schritts der Bundeskanzlerin, über den sie sich weder auf europäischer noch auf nationaler Ebene mit vielen Entscheidungsträgern abgestimmt

18

haben soll, gibt es unterschiedliche Vermutungen. Ganz sicher darf man annehmen, dass Merkel darauf vertraute, ihre Macht und ihr Einfluss in Europa seien groß genug, gemeinsam mit der Europäischen Kommission ein angemessenes innereuropäisches Verteilungssystem für die Flüchtlinge durchsetzen zu können.

Da das Dublin-System für kleine Flüchtlingszahlen gedacht war und Staaten wie Griechenland, Ungarn und Italien angesichts des wachsenden Zustroms 2014 und vor allem 2015 bei Anwendung von Dublin hoffnungslos überfordert waren, gab es schon seit längerem die Intention, das System zu reformieren. Am 9. September machte die Kommission den Vorschlag, 120.000 Flüchtlinge aus Griechenland, Ungarn und Italien nach einem Quotenschlüssel, der auf der Bevölkerungszahl, der Wirtschaftsleistung und der Arbeitslosenquote basierte, innerhalb der EU umzuverteilen. Eine solche Quotenregelung hatten die Visegrad-Staaten bereits Mitte August für rechtswidrig erklärt und abgelehnt.

Am 22. September beschlossen die EU-Innenminister erstmals mit qualifizierter Mehrheit (gegen die Stimmen Ungarns, Tschechiens, der Slowakei und Rumäniens), als Notfallmaßnahme insgesamt 120.000 Flüchtlinge aus Griechenland und Italien auf freiwilliger Basis innerhalb der EU zu verteilen. Für die Umsetzung der Maßnahme wurden zwei Jahre eingeplant.

Es zeigte sich bald, dass diese Umverteilungsvereinbarungen auf Sand gebaut waren und der Löwenanteil der EU-Staaten keineswegs gewillt war, sich daran zu beteiligen. Das Versagen der EU in der Frage der gemeinsamen Flüchtlingspolitik wird schlagend daran deutlich, dass bis zum Sommer 2016 von dem geplanten Umverteilungskontingent gerade einmal 6.000 Personen erfasst worden sind.

Die Willkommenskultur bröckelt (Oktober bis Dezember 2015)
Nach dem Scheitern der EU, sich auf ein gemeinsames Quotensystem zu verständigen, spitzte sich die Lage in den drei wichtigsten Ländern der Willkommenskultur – Schweden, Österreich und Deutschland – im letzten Quartal 2015 zu.

In der Bevölkerung aller drei Länder nahm die Unterstützung für eine unbegrenzte Aufnahme von Flüchtlingen stark ab, und rechtspopulistische Parteien gewannen an Zuspruch. Alle drei Staaten begannen in dieser Phase ihre Asylgesetze zu verschärfen und ihre Grenzkontrollen zu intensivieren.

Bundeskanzlerin Merkel scheint im Herbst 2015 deutlich geworden zu sein, dass ihr Konzept zur Überwindung der Flüchtlingskrise, das aus drei Komponenten bestand – Überwindung der Ursachen der Flucht, Einigung in der EU auf einen Verteilungsschlüssel, Reduzierung der Zahl der Asylsuchenden – weitgehend gescheitert war. Die Bekämpfung der Fluchtursachen erwies sich als eine permanente Aufgabe und die Quotenvorschläge der Europäischen Kommission waren am Widerstand der überwiegenden Mehrheit der Mitgliedstaaten gescheitert. Es kam hinzu, dass zwischen den EU-Staaten zahlreiche Konflikte entstanden, das Schengen-System zunehmend eingeschränkt wurde und innerhalb der Koalition sowie zwischen CDU und CSU massive Streitigkeiten ausbrachen.

Die Bundeskanzlerin setzte jetzt nur noch auf die dritte Komponente ihres Konzepts, die deutliche Reduzierung der Zahl der Flüchtlinge, weil sie sich davon die Überwindung aller oben genannten Probleme erhoffte. Zu diesem Zweck griff sie einen Plan der Brüsseler Denkfabrik »Europäische Stabilisierungsinitiative« (ESI) aus dem Sommer auf, der ein Tauschgeschäft zwischen der EU und der Türkei vorsieht, und begann auf dieser Basis mit der Türkei Verhandlungen aufzunehmen. Die Gespräche mündeten schließlich in einen EU-Türkei-Gipfel, auf dem Ende November 2015 folgende Vereinbarung getroffen wurde:

▪ Die Türkei soll die EU bei dem Versuch, den Flüchtlingsstrom aus Syrien weitgehend zu stoppen, grundsätzlich unterstützen, indem sie in Kooperation mit Griechenland ihre Küstengewässer strenger bewacht.

▪ Die EU sichert zu, der Türkei jährlich ein Kontingent an Flüchtlingen abzunehmen, das auf der Basis eines Verteilungsschlüssels auf die Mitgliedstaaten verteilt werden soll. Inoffiziell wurde für das Kontingent eine Zahl von 400.000 Menschen genannt. Am Rande des Gipfels trafen sich acht (!) EU-Staaten, die bereit sein sollten, sich an dieser Umverteilungslösung zu beteiligen.

▪ Die Türkei erhält für diese Kooperationsbereitschaft von der EU folgende Gegenleistungen: drei Milliarden Euro für den Aufbau von weiteren Flüchtlingslagern, die Abschaffung der Visums-

20

pflicht bei der Einreise türkischer Bürgerinnen und Bürger in die EU ab Oktober 2016 sowie die Wiederaufnahme der Beitrittsverhandlungen mit der EU.

Die Umsetzung dieses Abkommens scheiterte zur Jahreswende 2015/2016 daran, dass Italien die Zahlung seines Beitrags an der Drei-Milliarden-Summe verweigerte und die Türkei rasch eine Nachforderung von weiteren drei Milliarden Euro erhob.

Der Ausbau der »Festung Europa« (Januar bis Sommer 2016)
Anfang 2016 verhärtete sich die Position vieler Mitgliedstaaten gegenüber den Flüchtlingen immer mehr. Österreich führte Obergrenzen ein, auf der Balkanroute wurden neue Zäune gebaut und die Route schließlich gesperrt. In Deutschland wurde der Ruf nach einer deutlichen Reduzierung der Zuwanderung nach den Silvesterereignissen in Köln noch lauter. Die bevorstehenden Landtagswahlen in drei Bundesländern und die steigenden Umfragewerte der rechtspopulistischen AfD führten zu wachsender Nervosität in den Reihen von CDU/CSU und SPD.

Kanzlerin Merkel stand vor dem Scherbenhaufen ihrer Flüchtlingspolitik. Eine übergroße Mehrheit der Mitgliedstaaten der EU verweigerte die Festlegung von europäischen Aufnahmequoten für die Flüchtlinge. Ihre beiden wichtigsten Bündnispartner in der Flüchtlingspolitik, Österreich und Schweden, sprachen sich Ende 2015/Anfang 2016 für die Begrenzung des Zuzugs von Flüchtlingen aus, nannten Obergrenzen für ihre Länder und begannen, ihre Grenzkontrollen weiter zu verschärfen. Wegen der Grenzkontrollen kam es zu erheblichen politischen Konflikten zwischen verschiedenen Mitgliedstaaten der EU, und das Schengen-System wurde immer stärker unterhöhlt.

In dieser zunehmend aussichtslosen Situation erschien der Bau der »Festung Europa« durch ein Abkommen mit der Türkei wie die Zerschlagung des »Gordischen Knotens«. Mit der Abschottung gegenüber den Flüchtlingen müssten die EU-Staaten sich nicht mehr über einen Verteilungsmodus streiten. Das Schengen-System könnte wieder vollumfänglich in Kraft gesetzt werden. Im Inneren hoffte Merkel schließlich, ihre Macht zu konsolidieren, denn mit der Eindämmung des Zustroms an Flüchtlingen durch das Abkommen mit der Türkei würde sie ihre Kritiker in der CSU und der CDU besänftigen und dem Wunsch der Mehrheit der deutschen Bevölkerung entsprechen.

Am 7./8. März 2016 verhandelten die EU und die Türkei ein Abkommen, das auf dem Europäischen Rat vom 18. März einstimmig angenommen wurde. Dieses Abkommen besteht aus folgenden wesentlichen Elementen:

1. Die Türkei verpflichtet sich, ihre Sicherheitsmaßnahmen zur Reduktion der nicht-regulären Migration von der Türkei in die EU zu verstärken.
2. Flüchtlinge, die nach dem 20. März von der Türkei aus die griechischen Inseln erreichen, werden in die Türkei zurückgeführt.
3. Für jede Person aus Syrien, die auf diesem Wege von Griechenland in die Türkei zurückgebracht wird, wird ein anderer in der Türkei lebender syrischer Flüchtling in die EU umgesiedelt.
4. Zusätzlich zu den bereits vereinbarten drei Milliarden Euro stellt die EU der Türkei für die Ansiedlung von Flüchtlingen bis Ende 2018 weitere drei Milliarden Euro zur Verfügung.
5. Bis Ende Juni 2016 wird eine Aufhebung der Visumspflicht für türkische Bürgerinnen und Bürger angestrebt, die in die EU reisen möchten.
6. Die Beitrittsverhandlungen zwischen der EU und der Türkei sollen neu belebt und beschleunigt werden.

Das EU-Türkei-Abkommen wird vom UNHCR, Amnesty International und der Organisation »Ärzte ohne Grenzen« als Verstoß gegen die internationalen Asyl- und Flüchtlingsrechte kritisiert und abgelehnt. Der UN-Hochkommissar für Menschenrechte hält Massenverhaftungen und Massenabschiebungen für illegal und forderte die EU auf, das Abkommen zu überdenken.

Dass das Regime Erdoğan Menschenrechte mit Füßen tritt, war vor den Verhandlungen des Abkommens hinlänglich bekannt. So versucht das Regime, missliebige Journalistinnen und Journalisten durch Verhaftungen und Gerichtsverfahren einzuschüchtern. Gegen 200 türkische Journalistinnen und Journalisten waren im April 2016 Verfahren anhängig. Twitter und andere soziale Netzwerke werden von der Regierung abgeschaltet, wenn sie regierungskritische Beiträge veröffentlichen. In der Türkei ist es Praxis, oppositionelle Kräfte aus der Zivilgesellschaft, der Presse und der Politik mittels bewusst weitgefasster Terrorismusgesetze einzuschüchtern und zu Gefängnisstrafen zu verurteilen.

Noch brutalere Menschenrechtsverletzungen werden über den Kampf der türkischen Armee gegen die kurdische Minderheit in der Türkei berichtet. Dabei ist nicht nur die PKK Ziel der türkischen Armee, auch die kurdische Zivilbevölkerung ist Opfer der Angriffe der Armee. Hunderte von zivilen Opfern werden gemeldet. Angesichts des EU-Interesses an einer gemeinsamen Flüchtlingspolitik lassen die europäischen Staaten die Regierung der Türkei mehr oder weniger gewähren. Diese nutzt die Gunst der Stunde und bekämpft selbst den gemäßigten parlamentarischen Arm der Kurdinnen und Kurden – die HDP – unter massiver Verletzung von Bürgerrechten.

Die Türkei unter solchen Verhältnissen als sicheren Drittstaat einzuordnen, dem die nach Griechenland Geflüchteten aus Syrien, Afghanistan, dem Irak und Pakistan übergeben werden können, muss als eklatanter Bruch des internationalen Asyl- und Flüchtlingsrechts eingeordnet werden. Dass viele syrische, aber auch die afghanischen, irakischen und pakistanischen Flüchtlinge ohne ausreichende Prüfung ihrer Asylansprüche bzw. ihres Flüchtlingsstatus von der Türkei in ihre Herkunftsländer zurückgeschickt werden, gilt als gesichert.

In der EU entwickelt sich gegen diese völkerrechtswidrige Praxis kaum Widerstand. Im Gegenteil: Die Europäische Kommission und die Regierungen der Mitgliedstaaten preisen das Abkommen mit der Türkei als effektiven Beitrag zur Reduzierung der Flüchtlingsströme nach Europa. Dennoch hat die Türkei das Abkommen noch nicht rechtskräftig umgesetzt. Die türkische Regierung weigert sich, ihre Terrorismusgesetze als Voraussetzung für die Gewährung der Visafreiheit zu ändern. Die für die Einführung der Visafreiheit im Abkommen vorgesehene Junifrist ist verstrichen. Sie wurde zunächst auf Oktober verlegt, und die Türkei scheint bereit zu sein, selbst die Nicht-Einhaltung dieses Termins zu akzeptieren. Möglicherweise hat sie die Erwartung, dass nach dem gescheiterten Putschversuch vom 15./16. Juli 2016, als Teile des Militärs Präsident Erdoğan stürzen wollten, die EU in absehbarer Zeit die Terrorismusgesetze der Türkei als legitim akzeptieren wird. Dies ist trotz der erheblichen weiteren Verschärfung der Menschenrechtslage in der Türkei seit dem Putschversuch nicht auszuschließen.

Einen Monat nach dem Putsch hat die Regierung Erdoğan etwa 35.000 Menschen festgenommen, von denen ca. ein Drittel wieder auf freien Fuß gesetzt wurde. Nach Auskunft des türkischen Ministerpräsidenten Yilderim befanden sich Mitte August 2016 ca. 20.000 Verdächtige weiterhin in Untersuchungshaft, darunter Beschäftigte aus Justiz, Polizei und Armee. Ein Viertel der türkischen Richterschaft und der Staatsanwältinnen und Staatsanwälte wurde vom Dienst suspendiert. Ca. 76.000 Beschäftige des öffentlichen Dienstes wurden entlassen, darunter 27.500 Beschäftigte im Bildungssektor. Laut Yilderim hat die Regierung ca. 4.200 Einrichtungen geschlossen und ihr Vermögen beschlagnahmt, darunter Universitäten, Schulen, Stiftungen, Nachrichtenagenturen, Radio- und TV-Stationen, Zeitungen und Verlage.

Es ist offensichtlich, dass Erdoğan den gescheiterten Putsch nutzt, sein Herrschaftssystem lückenlos auszubauen und jegliche Form von Opposition mit allen Mitteln zu unterdrücken. Gleichzeitig ist der Krieg gegen die Kurdinnen und Kurden im Inneren des Landes intensiviert worden. Die Europäische Kommission und die EU-Staaten haben diese Entwicklungen zunächst zwar nicht ausdrücklich begrüßt, aber auch nicht entschieden verurteilt. Nachdem Erdoğan sich im August und im September deutlich und mehrfach darüber beschwerte, dass die EU der türkischen Regierung zu wenig Solidaritätsbekundungen im Kampf gegen die Putschisten gezeigt habe, begann in der EU ein Prozess des Umdenkens. Erste Reisen hochrangiger europäischer Politikerinnen und Politiker in die Türkei wurden organisiert, um der Regierung Erdoğan für die Umsetzung des Flüchtlingsabkommens zu danken und dem türkischen Volk für den erfolgreichen Kampf gegen die Putschisten zu gratulieren (so EU-Parlamentspräsident Martin Schulz Anfang September).

24

2.3 Militärische Abschottung, Abhängigkeit von Diktatoren, noch mehr Tote im Mittelmeer

Das Abschottungsabkommen zwischen der EU und der Türkei zeigte bereits im April 2016 in rückläufigen Flüchtlingszahlen auf den griechischen Inseln seine Wirkung. Da jedoch die Ursachen der Flucht nicht abgeschoben werden können, wird das Abkommen zu einer Änderung der Fluchtrouten führen. Es wird berichtet, dass sich die Fluchtwege nach Nordafrika, insbesondere Libyen, verlagern, wo mehrere 100.000 Menschen auf weit gefährlichere Schlepperdienste nach Italien warten.

Darauf reagiert die EU, indem sie intensiv an einem weiteren Bauabschnitt der »Festung Europa« arbeitet, der zunächst darin besteht, in dem von verschiedenen verfeindeten Stämmen und Milizen beherrschten Libyen eine Regierung zu installieren. Mit dieser hofft sie ein ähnliches Abkommen wie mit der Türkei schließen zu können. Auch die Rhetorik ist die gleiche: Man müsse die Flüchtlinge vor dem Unwesen der internationalen Schleppermafia schützen und die europäischen Werte verteidigen. Im Einzelnen will die EU in Libyen folgende Maßnahmen ergreifen (Spiegel online, 18.4.2016):

- Stabilisierung und Stärkung der »Regierung der nationalen Einheit« unter Premier Fayez Sarraj, die längst nicht von allen Konfliktparteien anerkannt ist. Zum persönlichen Schutz will Italien eine Präsidentengarde stellen und Deutschland geschützte Fahrzeuge senden.
- Zur zügigen Ausbildung einer neuen libyschen Armee wollen sich die südlichen EU-Staaten an einer Trainingsmission für libysche Armeeangehörige beteiligen.
- Die EU-Militärmission »Sophia«, an der Deutschland mit 400 Soldatinnen und Soldaten beteiligt ist, soll ihre Anti-Schlepper-Mission nicht nur in internationalen Gewässern durchführen, sondern auch in den Küstengebieten Libyens, um die Schlepperschiffe möglichst bereits am Ablegen zu hindern.
- Die EU will 100 Millionen Euro für Hilfsprojekte zur Verfügung stellen, um die Unterstützung der neuen Regierung durch die Bevölkerung zu fördern (»Friedensdividende«).

Für großen Optimismus hinsichtlich der Erfolgschancen der Übergangsregierung Sarraj besteht jedoch angesichts der politischen Realität in Libyen kein Anlass. Bislang haben sich jedenfalls die Hoffnungen der EU, dass die Regierung Sarraj von den verschiedenen Bürgerkriegsparteien als legitime Regierung anerkannt wird, nicht erfüllt.

Die EU versucht darüber hinaus mit dem Regime des Umar al-Baschir im Sudan ein Abschottungsabkommen auszuhandeln. Der Sudan ist für die Flüchtlingsströme aus vielen afrikanischen Staaten eine wichtige Durchgangsstation auf dem Weg zum Mittelmeer. Pikanterweise wird Umar al-Baschir vom Internationalen Gerichtshof in Den Haag wegen Völkermord und Verbrechen gegen die Menschlichkeit im Westen des Sudan, in Darfur, per internationalem Haftbefehl gesucht. Dass die EU mit einem Diktator, der die Ursache der Flucht vieler Menschen ist, über ein Flüchtlingsabkommen verhandelt, ist ein kaum noch zu überbietender Zynismus auf der Baustelle »Festung Europa«.

Es ist eine offene Frage, wie lange die EU diese Politik durchhalten kann. Wenn sich der Eindruck verfestigt, dass sie mit ihren militärischen und finanziellen Maßnahmen nicht die Flüchtlinge vor dem Schlepperwesen schützt, sondern in erster Linie sich selber vor einem wachsenden Zustrom von Asylsuchenden und Flüchtlingen, wenn die viel beschworenen Werte Europas an den Grenzzäunen in Ceuta und Melilla zerschellen, vor den Küsten Libyens und Ägyptens ertrinken, in Griechenland abgeschoben und an der türkisch-syrischen Grenze erschossen werden, wird sich der Eindruck bestätigen, dass die EU mit dem Festungsbau rund um das Mittelmeer ihre eigenen Ideale verrät. Welche Auswirkungen dieser weitere Legitimationsverlust der EU hätte, ist kaum zu prognostizieren.

2.4 Legale Zugangswege zur EU schaffen und Aufnahmebereitschaft belohnen

Die Bekämpfung der komplexen Ursachen für die weltweiten Migrationsbewegungen ist eine Langfristaufgabe. Denn dazu gehören so verschiedene Problematiken wie Krieg, Staatszerfall, Unterent-

26

wicklung, religiöse Konflikte, staatliche Repression, Umweltzerstörung und Ressourcenknappheit. In vielen Fällen ist auch eine ungerechte Weltwirtschaftsordnung ein wesentlicher Treiber für Elend und daraus resultierende Migration. Insofern ist die Bekämpfung von Fluchtursachen nicht nur eine Mammutaufgabe, sondern erfordert auch eine Neuausrichtung der EU und ihrer Mitgliedstaaten hin zu einer deutlich internationalistischeren Politik, die auf vielfältigen Ansätzen beruhen muss.

Davon unbeschadet ist kurz- und mittelfristig in jedem Fall mit anhaltend hohen Flüchtlingszahlen zu rechnen. Der Druck auf die Außengrenzen der EU rund um das Mittelmeer wird deshalb bleiben. Eine inhumane Politik, die diese Grenzen mithilfe von Abschottungsabkommen mit Staaten sichern will, die das Völkerrecht verletzen, wird auf Dauer scheitern. Die Politik der »Festung Europa« mit dem Versuch der externalisierten »Lösung« der Flüchtlingskrise muss beendet und durch ein humanes Konzept abgelöst werden, das die internationalen Asyl- und Flüchtlingsrechte achtet.

In jedem Fall ist zunächst eine deutliche Erhöhung der UNHCR-Unterstützungsprogramme erforderlich, um weltweit die Situation von Geflüchteten zu verbessern. Dazu gehört nicht nur die menschenwürdige Unterbringung und Versorgung, sondern auch das Schaffen von Zukunftsperspektiven, etwa durch Ausbildungsprogramme. Dafür müssen die EU-Staaten ihre finanziellen Zuweisungen an den UNHCR erhöhen.

Wie der UNHCR fordert, sollte die EU zudem legale Zugangswege über das Mittelmeer nach Europa ermöglichen. Die mehr als 500 Millionen Einwohnerinnen und Einwohner zählende EU könnte ohne Probleme jährlich zwischen einer und zwei Millionen Flüchtlinge aufnehmen. In den Nachbarstaaten am Mittelmeer sollte die EU Aufnahme- und Warteeinrichtungen für Flüchtlinge aufbauen, die vor Ort die Asyl- und Flüchtlingsansprüche der Migrantinnen und Migranten prüfen würden.[2] Von dort könnten po-

---

[2] Diese Einrichtungen müssten mit den nationalen Behörden und Gerichten der Mitgliedstaaten kooperieren, um gemeinsam Konflikt- und Widerspruchsfälle zu prüfen. In jedem Falle muss für die Flüchtlinge in den Aufnahme- und Wartezentren die Rechtswegegarantie gewahrt bleiben, d.h. im Zweifelsfall müssen in den Aufnahme- und Wartezentren Justizeinrich-

litisch zu vereinbarende Kontingente mit aufnahmeberechtigten Flüchtlingen auf die EU-Staaten verteilt werden. Ausgerechnet einen der wenigen legalen und sicheren Zugangswege in die EU hat die Bundesrepublik jüngst massiv eingeschränkt, nämlich den Familiennachzug. Als Sofortmaßnahme muss der Familiennachzug, der die Integrationschancen für Flüchtlinge erheblich verbessert, wieder ermöglicht werden.

Ein wichtiges Hemmnis für die Aufnahme und Integration von Flüchtlingen bzw. Migrantinnen und Migranten sind die damit verbundenen Verteilungskonflikte und die bestehenden Finanzierungsengpässe. Selbst in Deutschland sind Länder und Kommunen vielfach überfordert, die eigentlich nötigen Investitionen für Unterbringung, Versorgung und Integration aus eigener Kraft zu stemmen – die Flüchtlinge treffen auf eine jahrelang ausgezehrte Verwaltung und kaputt gesparte Infrastruktur. Während hierzulande aber noch unverplante Überschüsse aus dem Bundeshaushalt neu zugeteilt werden konnten, haben die meisten Staaten in Europa nur wenige bis keine Spielräume für zusätzliche Ausgaben.

Hinzu kommt, dass die zusätzlich benötigten Gelder angesichts des hohen Handlungsdrucks kurzfristig mobilisiert werden müssen. Da keine Überschüsse im notwendigen Maße zur Verfügung stehen, Ausgabenkürzungen an anderer Stelle nirgendwo in Europa politisch zu vermitteln sind und Steuereinnahmen bestenfalls mittelfristig zur Verfügung stehen, müssen die Ausgaben weitgehend über Neuverschuldung bestritten werden. Dies ist ohnehin angemessen, da die zu tätigenden Ausgaben überwiegend den Charakter von Investitionen tragen, die typischerweise und generationengerecht durch Kredite vorfinanziert werden. Auf mittlere Sicht müsste den erwartbaren Verteilungskonflikten durch eine Steuerpolitik vorgebeugt werden, welche den Interessen der unteren Schichten der Gesellschaft Rechnung trägt. Durch die ausgelösten Wachstumsimpulse und selbstfinanzierenden Effekte ließe sich langfristig aber ein beträchtlicher Teil (oder bestenfalls das

tungen der EU bzw. der EU-Mitgliedsländer eingerichtet werden, die den regulären Rechtsweg zulassen.

28

komplette Programm) der Ausgaben auch ohne Steuererhöhungen gegenfinanzieren.

Bei der Finanzierung sollte unterschieden werden zwischen einerseits den Ausgaben, die in den Brennpunkten außerhalb der EU (Türkei, Jordanien, Libanon, Nordafrika …) anfallen und die die EU als Ganzes betreffen. Diese Art von Ausgaben sollte über den Haushalt der EU und ein entsprechend erhöhtes Budget bestritten werden. Andererseits sollten die Ausgaben, die in den einzelnen EU-Staaten für die Aufnahme und Integration von Flüchtlingen anfallen, nicht allein aus dem EU-Haushalt bestritten werden, da dieser erstens unter den geltenden Statuten ausgeglichen sein muss (d.h. derzeit keine Möglichkeit für eine substanzielle Finanzierung besteht) und darüber hinaus die jeweiligen Staaten von verbesserter Infrastruktur, qualifizierteren Arbeitskräften und Steuermehreinnahmen auch vielfältig von den getätigten Investitionen profitieren würden. Insofern liegt hier die gemeinschaftliche Aufgabe primär darin, eine langfristig gesicherte und kostengünstige Finanzierung zu ermöglichen, was allerdings Zuschüsse und eine nach Wirtschaftskraft abgestufte Kofinanzierung aus dem EU-Haushalt nicht ausschließt.

Zur Finanzierung der Ausgaben der EU-Mitgliedsländer – insbesondere der von der Krise finanziell geschwächten – käme entsprechend eine neuartige Fondslösung in Betracht, bei welcher sich eine Koalition von Mitgliedstaaten – idealerweise auch solche mit besonders zinsgünstigem Zugang zum Kapitalmarkt – zusammenschließt und gemeinsam Anleihen mit langer Laufzeit emittiert. Alternativ kämen als Emittenten auch Institutionen wie die Europäische Investitionsbank (EIB), die Europäische Bank für Wiederaufbau und Entwicklung (EBRD) oder die weitgehend unbekannte Flüchtlingsbank des Europarats (EBC) in Frage, deren Expertise auch zum Erfolg der finanzierten Projekte beitragen könnte.

Von diesem Fonds könnten dann projektbezogene Kredite und Zuschüsse für Infrastruktur- und Integrationsmaßnahmen an Mitgliedsländer oder unterstaatliche Ebenen wie z.B. Kommunen ausgereicht werden. Über die Flüchtlingsaufnahme im engeren Sinne hinaus sollten die Mittel dabei auch zur Verbesserung der Infrastruktur (Schule, Verwaltung, Gewerbeförderung …) von aufnahmewilligen Kommunen verwendet werden können. Für finanzarme Kommunen wäre ein solcher Vorschlag sehr reizvoll. Der Charme einer solchen Fondslösung wäre auch, »dass es den Nationalstaaten schwerer fällt, Flüchtlinge abzulehnen, wenn sich Gemeinden aus eigenem Interesse für die Aufnahme melden. Dadurch ändert sich die Legitimationssituation« (Schwan 2016). Diese Fondslösung wäre damit geeignet, eine Brücke zwischen den Interessen der Bürgerinnen und Bürger in den europäischen Kommunen und den Interessen der Zuflucht suchenden Menschen zu bauen, und entzieht damit dem Rechtspopulismus Argumente.

Kapitel 3
Die Konstruktionsmängel der Wirtschafts- und Währungsunion sowie die Austeritätspolitik in der Eurozone

Dieses Kapitel analysiert zunächst die Mängel des Maastrichter Vertrages, die Ausgangspunkt vieler Reformbemühungen sind, und stellt dann die negativen ökonomischen und sozialen Folgen der Austeritätspolitik in der Eurozone dar, welche die Legitimationsprobleme der EU erheblich verstärkt haben.

3.1 Die Defizite der Wirtschafts- und Währungsunion und das Scheitern der Reformbemühungen

Mit der 2008 ausgebrochenen und immer noch nicht überwundenen europäischen Finanzkrise wurden die massiven Funktionsdefizite der Wirtschafts- und Währungsunion (WWU) offenkundig. Eine gemeinsame Währung einzuführen, ohne gleichzeitig die Politische sowie die Soziale Union zu vollenden und ohne parallel eine Europäische Wirtschaftsregierung zu installieren, hat den Maastrichter Vertrag von Anbeginn zu einer spannungsreichen Fehlkonstruktion gemacht. Im Verlaufe der Eurokrise sind diese Defizite der Maastrichter WWU immer stärker in den Blickpunkt von Politik und Gesellschaft gerückt. Dies führte in den Jahren 2011/12 dazu, dass der Präsident der Europäischen Kommission, Manuel Barroso, und auch der Präsident des Europäischen Rates, Herman Van Rompuy, unter dem Titel »Für eine echte und vertiefte WWU« Vorschläge vorlegten, welche die Mängel von Maastricht heilen sollten (Europäische Kommission 2012; Rompuy u.a. 2012).

Diese Pläne liefen im Kern darauf hinaus, den EU-Haushalt wesentlich zu vergrößern, eine europäische Fiskalregierung zu installieren, für ein gemeinsames Schuldenmanagement Eurobonds einzuführen und die Rolle des Europäischen Parlaments als Ko-Gesetzgeber wesentlich zu stärken (siehe den Kasten auf Seite 32ff.).

31

Der Vorschlag der Europäischen Kommission für eine Vertiefung der WWU vom November 2011 (so genannte Blaupause)

Am 30. November 2012 hat die Europäische Kommission ein Papier vorgelegt, das den Titel trägt »Ein Konzept für eine vertiefte und echte Wirtschafts- und Währungsunion: Auftakt für eine europäische Diskussion« (Europäische Kommission 2012).

In dieser Blaupause für die Weiterentwicklung der Wirtschafts- und Währungsunion (WWU) werden zunächst die Schwächen des Maastrichter Vertrages so schonungslos offengelegt wie bislang in keinem Dokument der Europäischen Kommission. Das Kommissionspapier sieht die Ursachen der Eurokrise in hohem Maße in den Defiziten des Maastrichter Vertrages: im Fehlen eines Instruments zum Bekämpfen makroökonomischer Ungleichgewichte zwischen den Staaten, in der für eine Währungsunion untypischen dezentralen Struktur der Fiskalpolitik sowie im Fehlen einer bedeutenden zentralisierten Fiskalkapazität.

»Die WWU ist unter den modernen Währungsunionen insofern einmalig, als sie eine zentralisierte Währungspolitik mit dezentralisierter Verantwortung für die meisten wirtschaftspolitischen Bereiche verbindet, wobei gewisse Einschränkungen in Bezug auf die einzelstaatliche Haushaltspolitik bestehen. Im Gegensatz zu anderen Währungsunionen gibt es weder eine zentrale fiskalpolitische Funktion noch eine zentralisierte Fiskalkapazität (d.h. auch keinen föderalen Haushalt).« (Europäische Kommission 2012, S. 2)

Danach werden die Eurokrise und die bisherigen Maßnahmen zur Überwindung der Krise analysiert. Es wird argumentiert, dass mit diesen bisherigen Schritten die Defizite der WWU nicht behoben seien, vielmehr eine weitere Vertiefung der Integration notwendig sei, um der WWU und der EU dauerhaft Stabilität zu geben. Es wird vorgeschlagen, diese Vertiefung in drei Phasen vorzunehmen: einer kurzfristigen (6-18 Monate), einer mittelfristigen (eineinhalb Jahre bis fünf Jahre) und einer längerfristigen Phase (in mehr als fünf Jahren). Es werden nicht nur ökonomische Maßnahmen erörtert, sondern auch Schritte zur Vertiefung der Politischen Union diskutiert, um die notwendige Governance für eine echte WWU zu schaffen und der vertieften Union eine demokratische Legitimität zu verleihen.

In der kurzen Frist sind nach Auffassung der Kommission vor allem die Umsetzung der Beschlüsse zum »Europäischen Semester«, zum »Six-pack« und zum »Twopack« sowie zur Realisierung der Bankenunion erforderlich. In der mittleren Frist sollten nach Auffassung der Kommission folgende Vertiefungsschritte in Angriff genommen werden:

1. Eine stärkere haushalts- und wirtschaftspolitische Integration mit den erforderlichen Vertragsänderungen.
2. Die Schaffung einer eigenen Fiskalkapazität in der Eurozone.
3. Die Einrichtung eines Schuldentilgungsfonds.
4. Die Ausgabe von Eurobonds bis zu einer Laufzeit von zwei Jahren.

Im Abschnitt über die langfristige Vision der WWU beschäftigt sich die Kommission neben der Forderung nach der Schaffung einer vollständigen Bankenunion vor allem mit der Frage einer zentralen Fiskalkapazität, die bei asymmetrischen Schocks und/oder symmetrischen Schocks Stabilisierungsfunktionen wahrnehmen könne.

»Mit der Verwirklichung einer voll integrierten Fiskal- und Wirtschaftsunion wäre die letzte Stufe der WWU erreicht. Dies würde als Endziel die Schaffung einer politischen Union mit einer geeigneten Bündelung der Hoheitsrechte mit sich bringen, die über eine eigene Fiskalkapazität in Form eines zentralen Budgets und über eigene Mechanismen verfügt, die es ihr unter bestimmten genau definierten Voraussetzungen erlauben, haushalts- und wirtschaftspolitische Entscheidungen bei ihren Mitgliedern durchzusetzen. Wie groß dieses zentrale Budget wäre, hängt davon ab, welcher Integrationsgrad gewollt ist und wie groß die Bereitschaft ist, die damit einhergehenden politischen Veränderungen umzusetzen...

Das Fehlen eines zentralen Budgets mit stabilisierender Wirkung wurde schon vor langem als potenzielle Schwäche des Euro-Währungsgebiets gegenüber anderen erfolgreichen Währungsunionen erkannt.« (Ebd., S. 37)

Der Text lässt die Frage offen, ob die Fiskalkapazität vor allem asymmetrische Schocks bekämpfen oder eine generelle Stabilisierungsfunktion übernehmen soll. Bei einer Konzentration auf asymmetrische Schocks könne dieser Mechanismus auch in Form einer europäischen

Arbeitslosenversicherung aufgebaut werden. Bei einer Übertragung genereller konjunktureller Stabilisierungsaufgaben auf die Euroebene müsse das zentrale Budget mehr Mittel erhalten und auch in der Lage seine, Schulden aufzunehmen und Anleihen auszugeben.

Mit der Fortentwicklung und Vertiefung der WWU müsse darauf geachtet werden, dass der Grad an demokratischer Legitimität dem Umfang der von den Mitgliedstaaten auf die EU-Ebene übertragenen Souveränitätsrechte angemessen sei. »Dies gilt für neue Befugnisse im Bereich der Haushaltsüberwachung und Wirtschaftspolitik ebenso wie für neue EU-Vorschriften über die Solidarität zwischen den Mitgliedstaaten. Kurz gesagt: Ein noch stärkeres gegenseitiges Einstehen in finanzieller Hinsicht erfordert eine entsprechende politische Integration.« (Ebd., S. 41) Eine stärkere Rolle der EU-Organe setze voraus, dass das Europäische Parlament entsprechend stärker in die EU-Verfahren einbezogen werde.

Für die in der mittleren und der längeren Frist notwendigen Änderungen der EU-Verträge bedeute dies, dass die Rolle des Europäischen Parlaments auszubauen sei. Im Falle der für die mittlere Frist vorgeschlagenen größeren Eingriffsrechte der Kommission in die nationalen Haushalte sei ein Rechtsakt der Mitentscheidung erforderlich, also der vollen Beteiligung des Europäischen Parlaments. Nur so könne die demokratische Legitimität der europäischen Eingriffe in die nationale Haushaltspolitik gewährleistet werden.

Sollte in der längerfristigen Vision die WWU zu einer voll integrierten Fiskal- und Wirtschaftsunion ausgebaut werden, mit autonomer Steuerhoheit und dem Recht, Anleihen zu begeben, müssten die Befugnisse des Europäischen Parlaments ebenfalls gestärkt werden. Bei Entscheidungsverfahren im Rahmen der Steuerhoheit sei das Europäische Parlament als gleichberechtigter Mitgesetzgeber vorzusehen. Außerdem müsse das Europäische Parlament die notwendige Kontrolle über die wirtschaftspolitischen Entscheidungen der EU-Exekutive ausüben.

Nach der Wahl François Hollandes zum Präsidenten Frankreichs wurden die Pläne durch Vorschläge zur »Stärkung der sozialen Dimension der WWU« ergänzt. Sozialkommissar László Andor legte das tragfähigste Konzept zur Realisierung der sozialen Dimension der EU vor, welches je in Kreisen der Europäischen Kommission formuliert wurde (Non-Paper 2013).

Der Versuch, die Wirtschafts- und Währungsunion durch Reformen zu vertiefen und damit die Defizite der Maastrichter WWU-Konstruktion zu überwinden, ist bislang jedoch in allen Dimensionen gescheitert, der politischen, der ökonomischen und der sozialen.[3] Hierfür gibt es zwei Gründe: einerseits das Wiedererstarken des Neoliberalismus, andererseits die Zunahme des Rechtspopulismus und der Re-Nationalisierungstendenzen in Europa.

3.2 Die Austeritätspolitik und ihre ökonomischen und sozialen Folgen

Auch im achten Jahr nach Beginn der Finanzkrise hat die Eurozone immer noch mit schweren wirtschaftlichen Problemen zu kämpfen. Trotz der Nullzinspolitik der Europäischen Zentralbank, eines niedrigen Ölpreises und eines stark abgewerteten Euros kommt die Wirtschaft im Euroraum nicht in Gang. Nach den beiden Rezessionsjahren 2012 und 2013 befindet sich die Eurozone in einer Phase mit dürftigen gesamtwirtschaftlichen Wachstumsraten. Im Unterschied dazu konnten die USA sich nach der dort ausgelösten internationalen Finanzkrise rasch erholen und erleben seit 2010 eine deutliche Wiederbelebung von Produktion und Beschäftigung. Während die Arbeitslosenquote in der Eurozone 2011 bei 10% und 2015 sogar bei über 11% lag, sank sie in den USA im selben Zeitraum von 8,9 auf 5,4%. Deutschland stellt in der Eurozone eine Ausnahme dar.

---

[3] Wie gering die Ambitionen auf EU-Ebene mittlerweile sind, die WWU zu vertiefen, macht das im Sommer 2015 veröffentlichte Papier der fünf Präsidenten unter Federführung von Kommissionspräsident Juncker deutlich, das den Titel trägt: »Die Wirtschafts- und Währungsunion Europas vollenden« (Juncker u.a. 2015). Dieses Papier ist nicht einmal ein schwacher Abglanz der oben erwähnten Vorschläge von Ende 2011. Von der Forderung nach einer europäischen Fiskalkapazität und einer Europäischen Wirtschaftsregierung finden sich vier Jahre später im Fünf-Präsidenten-Papier kaum noch Spuren, und zur sozialen Dimension gibt es keinen konkreten Vertiefungsvorschlag.

Die USA haben den Finanzsektor durch Kapitalvernichtung (Pleiten) und die Zufuhr frischen Kapitals wesentlich radikaler saniert als die EU. Während die USA in der Krise sehr rasch eine Politik zur wirtschaftlichen Ankurbelung einleiteten, um die Arbeitslosigkeit zu senken sowie Produktion und Einkommen zu steigern, begann die Europäische Zentralbank erst sehr verzögert mit einer Politik der monetären Lockerung, während die Fiskalpolitik unter dem Regime von Stabilitätspakt und Fiskalvertrag (Schuldenbremse) die gesamtwirtschaftliche Nachfrage noch weiter dämpfte. Die unter der Führung Deutschlands intonierte Konsolidierungspolitik erzeugte in der Eurozone 2012 und 2013 in Verbindung mit den mangelhaften Umstrukturierungen im Bankensektor eine politisch herbeigeführte Austeritätsrezession.

Der Vergleich zwischen der Eurozone und den USA ist insofern interessant, weil er den Erfolg zweier gegensätzlicher Strategien zur Überwindung einer Finanzkrise verdeutlicht. Er zeigt auch, dass bei einer grundsätzlich gleichen Orientierung am neoliberalen Wirtschafts- und Gesellschaftsmodell in der makroökonomischen Politik unterschiedliche Wege beschritten werden können. Die Eurozone hat den Weg der Kürzungspolitik, der Austerität, gewählt, weil sie die Staatsschulden als den Hauptverursacher der Krise interpretiert. Austerität dämpft die Nachfrage, erhöht die Arbeitslosigkeit, schwächt die Gewerkschaften und lässt die Lohnkosten sinken. Es dauert lange, bis sich auf diesem Weg erneut eine Erholung abzeichnet.

Die Strategie der USA bekämpft die Krise hingegen durch die Zusammenarbeit von expansiver Geld- und expansiver Fiskalpolitik. Durch die finanzpolitische Stützung der Nachfrage ließ sich die Krise rasch überwinden. Zwar steigen bei einer solchen Politik die Staatsschulden, diese könnten aber in der Phase guter Wachstumsraten nach und nach reduziert werden.

Obwohl jenseits des Atlantiks eine andere Politik verfolgt wurde, stellte insbesondere die deutsche Bundesregierung die europäische Wirtschaftspolitik immer wieder als alternativlos dar. In der Eurozone wurde den Krisenländern stets aufs Neue gepredigt, dass ohne eine harte Kürzungspolitik in den öffentlichen Haushalten und ohne »Strukturreformen« in den sozialen Sicherungssystemen und in den Tarifverhandlungssystemen, d.h. ohne Sozial- und Lohnabbau, die Krise nicht überwunden werden könne.

Als Folge dieser Wirtschaftsphilosophie erlebten vor allem die abhängig Beschäftigten und diejenigen, die auf Transfereinkommen angewiesen sind, in den südeuropäischen Ländern der Eurozone eine massive soziale Krise, die bis heute nicht überwunden ist. In Griechenland (27,3%), in Spanien (26,1%), in Portugal (16,4%) und in Italien (12,2%) erreichte die Arbeitslosigkeit im Jahr 2013 Negativrekordwerte.[4] Das Sozialsystem wurde in vielen Ländern massiv beschnitten. Die europäische Finanzkrise wurde für viele Menschen zur persönlichen Finanzierungs- und Überlebenskrise.

Diese sozialen Folgen der Austeritätspolitik sind ein wichtiger Erklärungsfaktor für die große Legitimationskrise, in der sich die Europäische Union und die Eurozone momentan befinden. Vor diesem Hintergrund konnte in vielen Ländern der Nationalismus erstarken und die rechtspopulistische Kritik an der EU an Schärfe gewinnen.

---

[4] Darüber hinaus wurde durch massive staatliche Eingriffe die Gewerkschaftsmacht gerade in den Staaten Südeuropas stark geschwächt (vgl. Bsirske/Busch/Höbel/Knerler/Scholz 2016). In Portugal, Spanien, Italien und Griechenland sind die Tarifvertragssysteme in erheblichem Maße geschleift worden (Aushöhlung der Flächentarifvertragsstrukturen durch den Vorrang von dezentralen Lohnvereinbarungen und die Schwächung der Allgemeinverbindlichkeitsregeln). Im Gefolge dieser Eingriffe ist in Portugal, Spanien und Griechenland die Zahl der sektoralen Tarifabkommen von 2008 bis 2013 dramatisch gesunken. Mit Recht kann hier von einer De-Kollektivierung der Arbeitsbeziehungen gesprochen werden.

In Europa ist generell ein Rückgang des Tarifdeckungsgrades zu verzeichnen. Es ist nicht verwunderlich, dass im Gefolge dieser Schwächung der gewerkschaftlichen Verhandlungsmacht in der Zeit von 2008 bis 2014 tarifpolitische Erfolge in vielen Ländern ausblieben. In 13 der 28 EU-Staaten sind in diesem Krisenzeitraum die Reallöhne abgesenkt worden (European Commission 2015, table 31). Darüber hinaus gelang es in 18 der 28 Staaten nicht, den verteilungsneutralen Spielraum auszuschöpfen, da die Reallöhne nicht im selben Maße stiegen wie die Produktivität (ebd., table 34).

Geschlechtergerechtigkeit und Krise

Von den Politiken der Europäischen Union sind Frauen und Männer in unterschiedlicher Form betroffen. Das macht sich besonders in Zeiten der Krise bemerkbar. Bereits im Vertrag von Rom 1957 wurde das Thema Equal Pay – also die gleiche Bezahlung von Männern und Frauen – zum Ziel gemacht. Das Gender Mainstreaming bekam mit dem Vertrag von Amsterdam 1998 einen besonderen Stellenwert. Ziel ist die Geschlechtergerechtigkeit. Trotz aller Absichtserklärungen bestehen weiterhin erhebliche Chancendifferenzen zwischen den Geschlechtern. Bis heute verdienen Frauen im Durchschnitt der EU 16,3% weniger als Männer. In Deutschland liegt diese Lohndifferenz aufgrund des Geschlechts (»Gender Pay Gap«) sogar bei 21,6% (European Commission 2016). Der Druck, der aus der EU kommt, ist dringend notwendig. Die vermeintlichen »Markergebnisse« auf dem »Arbeitsmarkt«, die oft auf nationale Traditionen zurückgehen, müssen korrigiert werden. Auch ist bekannt, dass die Erwerbsbeteiligung von Frauen unter der Erwerbsbeteiligung von Männern liegt. Frauen arbeiten oft Teilzeit. Der Gender Pay Gap, die geringere Erwerbsbeteiligung von Frauen, Teilzeitbeschäftigung, atypische Beschäftigungsverhältnisse und unbezahlte Familienarbeit führen zwangsläufig zu einem »Pension Gap«. Die EU sieht in der Besetzung von Führungspositionen in der Wirtschaft einen wichtigen Schlüssel, aber auch einen Indikator für die Chancengleichheit der Geschlechter (European Commission 2011). Es ist bekannt, dass Deutschland hier noch einen erheblichen Nachholbedarf hat (Holst 2016).

Angesichts der unterschiedlichen Rahmenbedingungen für Männer und Frauen wirken auch die EU-weit verankerten Wirtschaftspolitiken, die etwa auf Beschäftigung zielen, verschieden auf die beiden Geschlechter. Makroökonomische Stützungsprogramme als unmittelbare Reaktion auf die internationale Finanzkrise setzten vor allem auf das produzierende Gewerbe. Hier sind vor allem Männer beschäftigt. Im Zuge der aktuellen Haushaltskonsolidierungen dagegen setzten viele Länder gerade in den Bereichen Haushaltskürzungen durch, in denen überwiegend Frauen beschäftigt sind. Der Bildungs- und Gesundheitssektor seien hier stellvertretend genannt. Dazu kommt, dass das

Gender Mainstreaming im Zuge der internationalen und europäischen Finanzkrise oft in den Hintergrund gerückt ist – es wurde nicht als eine Kategorie angesehen, die zur Krisenbewältigung beitragen könnte. Der Umgang mit der europäischen Finanzkrise hat folglich mittel- und langfristig weitreichende Folgen für die Geschlechtergerechtigkeit (vgl. dazu z.B. United Nations o.J.). In der akuten Krise haben sich die Gender-Unterschiede in Bezug auf Beschäftigung, Arbeitslosigkeit und Armut in vielen Ländern der EU kurzfristig verringert. Nicht weil Frauen gewonnen, sondern weil Männer überproportional verloren haben.

Ein solidarisches und gerechteres Europa muss zwingend die Geschlechtergerechtigkeit in den Mittelpunkt stellen. In der aktuellen Krise können es sich Frauen nicht leisten, als Arbeitsmarktpuffer zu dienen. Längst ist das »adult worker« Modell in vielen Ländern zum Leitbild geworden, das auf die Erwerbstätigkeit aller Erwachsenen setzt. Geschlechtergerechtigkeit kann in diesem solidarischen und gerechteren Europa sogar als ein Vehikel zur Überwindung zahlreicher struktureller Probleme gelten – gerade auf dem Arbeitsmarkt.

Quellen:

European Commission (2011): The Gender Balance in Business Leadership. Commission Staff Working Paper, Brussels; http://ec.europa.eu/justice/gender-equality/files/gender_balance_decision_making/110301_gender_balance_business_leadership_en.pdf

European Commission (2016): The Gender pay gap in the European Union, http://ec.europa.eu/justice/gender-equality/files/gender_pay_gap/gpg_eu_factsheet_2015_en.pdf

Holst, Elke (2016): Spitzengremien großer Unternehmen: mehr Schubkraft für eine ausgewogene Repräsentation von Frauen und Männern nötig. DIW Wochenbericht 3/2016, www.diw.de/documents/publikationen/73/diw_01.c.524059.de/16-2-1.pdf

United Nations Interregional Crime and Justice Institute (o.J.): The Impacts of the crisis on Gender Equality and Women's Wellbeing, www.unicri.it/news/files/VAW_draft_last_lowq.pdf

Kapitel 4
Raus aus dem Euro?
Eine Kritik der linken Ausstiegsvorschläge

Auch in Teilen der europäischen Linken hat aufgrund der Euro-krise sowie der ökonomischen und sozialen Folgen der Austeri-tätspolitik die grundsätzliche Kritik an der Maastrichter WWU an Fahrt gewonnen. Während eine Mehrheitsströmung auf radi-kale Reformen an der Struktur der WWU setzt, wie sie teilweise bereits bei deren Einführung angemahnt wurden, geht eine Min-derheitsposition so weit, die Auflösung des Eurosystems zu for-dern und für ein neues Europäisches Währungssystem (»EWS II«) zu werben. Im Folgenden werden die zentralen Argumente die-ser Eurexit- und Lexit-Verfechterinnen und Verfechter (Eurexit 2016; Lexit 2016) vorgestellt und kritisch beleuchtet. Es zeigt sich, dass die ökonomischen Argumente dieser Fraktion nicht über-zeugen können.

Eine Auflösung des jetzigen Euroregimes wird im Wesentlichen aus drei Gründen gefordert:

- In einem gemeinsamen Währungssystem ohne ausreichende Ar-beitskraftmobilität und ohne einen finanziellen Ausgleichsme-chanismus seien Staaten, die an Wettbewerbsfähigkeit verlo-ren hätten und große Leistungsbilanzdefizite verzeichneten, auf das Instrument der »internen Abwertung« angewiesen, um ihre Wettbewerbsposition wieder verbessern zu können. Sie müssten also Reallohnsenkungen durchsetzen, um so preislich wieder an Wettbewerbsfähigkeit zu gewinnen. Dies sei unsozial und schwäche die Gewerkschaften in den betreffenden Ländern. Bei der Rückkehr zu nationalen Währungen oder zu einem System anpassungsfähiger Wechselkurse (EWS II) könnten diese Staa-ten dagegen ihre Währungen *abwerten* und so ihre Leistungsbi-lanzposition wieder verbessern. Sie könnten so nach Auffassung dieser Position die unsozialen Effekte einer »internen Abwer-tung« im Euroverbund vermeiden (Lexit 2016).

▪ Als Alternative zur Wirtschafts- und Währungsunion Maastrichter Provenienz würde sich nach Auffassung der Anhängerinnen und Anhänger von »Eurexit« und »Lexit« ein Währungssystem anbieten, wie es von 1978 bis 1993 im Rahmen der EU realisiert worden sei *(EWS II)*. Ein solches System fester, aber anpassungsfähiger Wechselkurse sei einem System flexibler Wechselkurse vorzuziehen, weil es hier zu »erratischen« Kursentwicklungen und damit starken Über- und Unterbewertungen der Wechselkurse kommen könne.

▪ Durch einen Austritt aus dem Euro könnten die Staaten darüber hinaus erneut an *Autonomie in ihrer Wirtschafts- und Finanzpolitik* gewinnen. Die erniedrigenden Eingriffe, die sie im Eurosystem vermittelst des Stabilitätspakts oder bei der Annahme von Krediten im Rahmen des Europäischen Stabilitätsmechanismus (ESM) erdulden müssten, würden fortfallen. Sowohl der Stabilitätspakt als auch der ESM würde die Staaten mit hohen Haushaltsdefiziten und/oder nicht tragfähigen Schuldenquoten zu einer überzogenen Sparpolitik zwingen, die das Wachstum und die Beschäftigung beeinträchtige und mit negativen sozialen Effekten bei Löhnen und sozialen Sicherungssystemen einhergehe. Eine Rückkehr zu einer nationalstaatlichen Wirtschafts- und Finanzpolitik sei vor diesem Hintergrund eine bessere Lösung (Eurexit 2016).

Im Folgenden wird dargelegt, dass diese drei Argumente letztlich nicht tragen:

4.1 Abwertungen und Reallöhne

Auch in einem System anpassungsfähiger Wechselkurse wird eine Abwertung nur dann zu einer Verbesserung der Wettbewerbsfähigkeit eines Landes führen, wenn sie zu einer Reallohnsenkung führt. Kommt es aber nach einer nominalen Abwertung zu einer Kette aus importierter Inflation und kompensatorischen Lohnsteigerungen, wird das inländische Preisniveau schnell nach oben verschoben, die abwertungsbedingte Verbesserung der preislichen Wettbewerbsfähigkeit wird nach und nach kompensiert und führt so in kurzer Frist zu einem ähnlichen realen Wechselkurs wie vor der Abwertung. Die von der nominalen Abwertung erhoffte längerfristige Verbesserung der preislichen Wettbewerbsfähigkeit wird dann nicht erreicht. Anders formuliert: Nur wenn die nominale Abwertung von einer entsprechenden Senkung der Reallöhne begleitet wird, kann sie auch zu einer realen Abwertung, also einer Verbesserung der Wettbewerbsfähigkeit führen. Das geht aber eben nur, wenn das inländische Preisniveau inkl. der Löhne nicht nach einer z.B. 10-prozentigen Abwertung um ebendiese 10% ansteigt (vgl. Dornbusch/Fisher/Startz 2003, 595ff.). Damit schmilzt in Bezug auf die sozialen Konsequenzen der Unterschied zwischen beiden Währungssystemen Euro vs. EWS gegen Null.[5]

4.2 Über- und Unterbewertungen im Europäischen Währungssystem von 1978 bis 1992

Auch das Argument, dass ein System fester, aber anpassungsfähiger Wechselkurse, wie das EWS von 1978 bis 1992, dem Eurosystem überlegen gewesen sei, weil es durch Wechselkursanpassungen eine

---

[5] Auch das Argument, eine nominelle Abwertung berge neben der Chance auf höhere Exporte vor allem die Gelegenheit, im Inland wieder erfolgreich für den heimischen Binnenmarkt produzieren zu können, trägt nur begrenzt, ist von wichtigen Voraussetzungen abhängig und von Land zu Land sehr unterschiedlich zu bewerten. Grundsätzlich kann durch eine nominelle Abwertung nur die Produktion preislich wettbewerbsfähiger werden, die es überhaupt noch gibt. Wenn also durch die Fehlkonstruktion des Euros gerade die südlichen Krisenländer regelrecht deindustrialisiert wurden, so gibt es eben nun in der Krise kaum mehr industrielle Kapazitäten, die brachliegen und kurzfristig reanimiert werden könnten. Damit wird ein Land nach der Abwertung weitgehend auf den Import derselben Produkte aus dem Ausland angewiesen sein wie vor dem Euro-Austritt. Griechenland wird nach einem Austritt aus dem Euro nicht kurzfristig auf heimisch produzierte Automobile zurückgreifen können. Im Falle Italiens und Spaniens hingegen würde eine Substitution ausländischer KFZ-Importe zwar teilweise infrage kommen, aber auch da ist zu beachten, dass in praktisch keinem Land mehr Autos komplett produziert werden, sondern die Komponenten aus einer Vielzahl von Ländern nur zu den Endmontagewerken transportiert werden.

Verzerrung der Wettbewerbspositionen der Staaten unterbunden habe, hält einer Überprüfung nicht stand.

Abbildung 1 zeigt den realen Außenwert der D-Mark gegenüber den EWS-Währungen von 1979 bis 1989. Seit Ende der 1970er Jahre war die DM, wie in der Abbildung dutlich wird, gegenüber wichtigen Partnerländern wegen verzögerter oder nicht ausreichender Anpassungen der Wechselkurse an die veränderte Wettbewerbsposition der Staaten innerhalb des EWS-Verbundes häufig real unterbewertet. Das war insbesondere 1980/81, 1984/85 und von 1987 bis 1992 der Fall (vgl. Busch 1994, 37ff.).

Die reale Abwertung der DM betrug Anfang, Mitte und Ende der 1980er Jahre gegenüber den EWS-Währungen im Vergleich zum ersten Quartal 1979 jeweils ca. 10%. Da die DM auch von 1987 bis 1992 einen Stabilitätsvorsprung verzeichnete, wuchs in diesem Zeitraum ihre reale Unterbewertung. Am stärksten war die italienische Lira gegenüber der DM überbewertet. 1989 betrug die reale Überbewertungsmarge der Lira gegenüber der DM im Vergleich zu 1979 ca. 30%, bis 1992 stieg dieser Wert auf ca. 35% an. Wurde das Inflationsratengefälle innerhalb des EWS nicht im vollen Umfange durch Wechselkursveränderungen kompensiert, entstanden der BRD im innergemeinschaftlichen Handel preisliche Wettbewerbsvorteile, die sich in Leistungsbilanzüberschüssen niederschlugen. Dies war im Zeitraum von 1979 bis 1992 immer wieder der Fall (Jaekel 1985; Busch 1994).

Das EWS ist 1993 vor allem aufgrund dieser Wechselkursverzerrungen und der damit verbundenen Leistungsbilanzungleichgewichte zusammengebrochen. Da seit 1987 keine Neufestlegung (»Realignment«) der Währungskurse mehr stattgebunden hatte, war es für die internationale Kapitalspekulation (Soros!) ein Leichtes, die Schwachwährungen zu attackieren. Ihr wurde sozusagen der rote Teppich ausgerollt.[6] Selbst große Zinserhöhungen konn-

---

[6] Höpner/Scharpf/Streeck behaupten dagegen, das EWS habe die Teilnehmerstaaten vor Spekulation geschützt (sic!) (Höpner/Scharpf/Streeck 2016). Richtig ist dagegen, dass das EWS wegen der verzögerten Anpassungen der Wechselkurse nicht erst in der Krise 1992/1993, sondern strukturell zu spekulativen Angriffen auf die verzerrten Kurse geradezu einlud. Dieser Druck der Spekulation hat im Laufe der 1980er Jahre durch die fort-

Abbildung 1: Realer Außenwert der D-Mark* gegenüber den EWS-Währungen

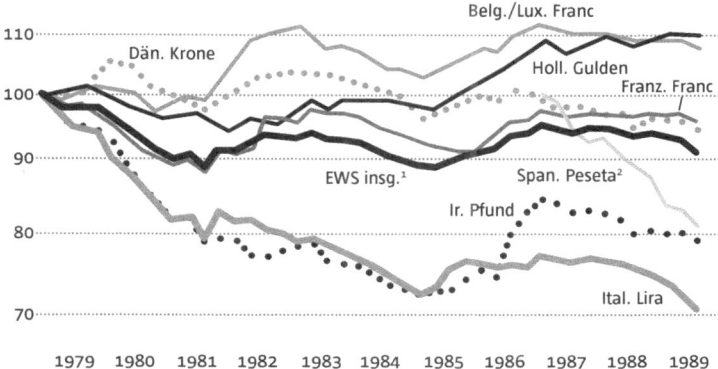

* Gewogener nominaler Außenwert, bereinigt um die jeweils unterschiedliche gesamtwirtschaftliche Preisentwicklung (gemessen an den Preisen des Gesamtabsatzes); [1] Ab Juli 189 einschl. spanische Peseta; [2] Nimmt seit 19.6.1989 am Wechselkursmechanismus des EWS teil. Quelle: Deutsche Bundesbank: Wechselkursentwicklung im EWS – Erfahrungen nach 10 Jahren, in: Monatsberichte der Deutschen Bundesbank, Nov. 1989, S. 35

ten die Weichwährungen nicht mehr retten. Nach dem faktischen Zusammenbruch wurde im EWS eine Schwankungsbandbreite von plus/minus 15% eingeführt. Eine Bandbreite von 30% kann man aber schwerlich noch als Festkurssystem deklarieren.

Obwohl durch die Wechselkursanpassungen die Leistungsbilanzungleichgewichte zumeist für kurze Zeit reduziert wurden, stellte sich aufgrund der großen Inflationsratendifferenzen sehr schnell erneut das Spiel von Über- und Unterbewertungen und erneuten Ungleichgewichten in der Leistungsbilanz her. Der Kardinalfehler des Systems lag in den zu späten und/oder den unzureichenden Kursanpassungen.

---

gesetzte Finanzmarktliberalisierung massiv zugenommen und war beim Design des EWS in den späten 1970er Jahren offensichtlich nicht vorhergesehen worden.

Es zeigt sich damit, dass das Europäische Währungssystem in den 1980er Jahren keineswegs ein stabiler, ausgewogener Währungsraum war. Viele Währungen waren für längere Zeit über- oder unterbewertet, weil die beteiligten Länder die nötigen Wechselkursanpassungen blockierten oder so lange wie nötig herauszögerten. Die Folge waren große Ungleichgewichte in den Leistungsbilanzen der beteiligten Staaten. Insgesamt haben die Wechselkursverzerrungen zu einer Fehlallokation der Ressourcen und damit zu ökonomischen und politischen Spannungen zwischen den EWS-Staaten geführt.

Für eine rückblickende Verklärung dieser Periode der Währungsintegration besteht auch im Lichte der großen Defizite der Maastrichter WWU keine Veranlassung.

4.3 Euro-Ausstieg: Hoher Preis für wenig Autonomie und die Gefahr einer Zins- und Schuldenfalle

Die Vorstellung, mit einer Auflösung der Eurozone könnten die Nationalstaaten eine größere Eigenständigkeit in der Gestaltung ihrer Wirtschafts- und Finanzpolitik erlangen und damit progressive Regierungen etwa eine expansive Geld- und Fiskalpolitik betreiben, übersieht die Einbettung der europäischen Staaten in die internationalen Finanzmärkte und die sich daraus ergebenden Einschränkungen in ihren wirtschaftspolitischen Handlungsmöglichkeiten (siehe dazu Busch 2016, 82ff.).

Die Auflösung der Eurozone und die Rückkehr zu nationalen Währungen wäre für eine längere Übergangszeit sowohl in den Ländern, die gegenwärtig über Leistungsbilanzüberschüsse und unterdurchschnittliche Staatsschuldenquoten verfügen (im Folgenden Gläubigerstaaten), als auch in den Staaten, die gegenwärtig Leistungsbilanzdefizite und überdurchschnittliche Staatsschuldenquoten aufweisen (im Folgenden Schuldnerstaaten), mit größeren Anpassungsproblemen verbunden.

In den Gläubigerländern käme es zu einer Aufwertung ihrer nationalen Währungen und damit zu vorübergehenden Wachstums- und Beschäftigungseinbußen. Für das größte Überschussland der

46

Eurozone, Deutschland, das gleichzeitig eine hohe Exportquote aufweist, würden sich deutliche Wohlstandsverluste einstellen.

Wesentlich dramatischer wären jedoch die Folgen für die Schuldnerstaaten. Deren Währungen würden stark abwerten, was von den Befürwortern einer Abkehr vom Euro als der entscheidende Vorteil dieses Schritts betrachtet wird. Doch nach der Wiederherstellung der nationalen Währungsstrukturen würde sich sofort zeigen, dass die Staaten der ehemaligen Eurozone sehr unterschiedliche Haushaltsdefizite und Staatsschuldenquoten aufweisen. Die Staaten mit hohen Haushaltsdefiziten und hohen Schuldenquoten würden an den internationalen Kapitalmärkten im Vergleich zu den Gläubigerstaaten unmittelbar einen deutlichen Anstieg der Zinssätze für ihre Staatsanleihen hinnehmen müssen. Diese Spreads in der Zinsstruktur fallen im Moment aufgrund der Intervention der EZB (»whatever it takes«) sehr gering aus, würden sich aber bei einer Auflösung des Euro sofort wieder zeigen. Denn die EZB gäbe es nicht mehr oder aber sie wäre nach einem Ausstieg aus dem Euro für das betreffende Land nicht mehr zuständig. Am Beispiel Portugals können wir aktuell studieren, wie die Finanzmärkte eine progressive Regierung trotz der nach wie vor stattfindenden Eingriffe der EZB abstrafen. Der Zinssatz für Staatsanleihen ist auf 3% angestiegen und würde zweistellige Werte erreichen, wenn Portugal den Euroverbund aufgeben würde.

Gleichzeitig würden die Staatsschulden der Abwertungsländer – in nationaler Währung gerechnet – deutlich ansteigen.[7] Damit würden sich die Abwertungsländer in einer Zins- und in einer Schuldenfalle befinden. Weder könnten sie ihre Haushaltsdefizite im ausreichenden Maße über den Verkauf von Staatsanleihen an

[7] Zur Verdeutlichung: Ein Staat hat 10 Euro Schulden und tritt aus dem Euro aus. Die Umstellung auf die neue Landeswährung Taler erfolgt 1:1, d.h. Löhne, Gehälter, Staatseinnahmen etc. bleiben in Talern in gleicher zahlenmäßiger Höhe wie zuvor in Euro. Unmittelbar nach der Umstellung fällt der Wechselkurs des Talers am Devisenmarkt jedoch dramatisch und man muss für einen Euro 2 Taler auf den Tisch legen. Damit erhöhen sich die 10 Euro Staatsschulden in Taler gerechnet auf 20 bei praktisch gleichgebliebenem nationalen Staatshaushalt. Relativ gesehen hat der Staat – im Verhältnis zu seinen Staatseinnahmen – also nun doppelt so hohe Staatsschulden wie vor dem Euro-Austritt.

ausländische Kapitalgeberinnen und Kapitalgeber finanzieren, weil ihre Zinslast dramatisch ansteigen würde, noch könnten sie deshalb ihre Leistungsbilanzdefizite finanzieren, denn dies würde größere Kapitalimporte in Form von Käufen nationaler Staatstitel durch Ausländerinnen und Ausländer erfordern. Die Regierungen der Schuldnerstaaten wären – das ist die Konsequenz dieser makroökonomischen Entwicklung und unabhängig davon, ob die Regierungen sich links oder rechts orientierten – zu einer drastischen Austeritätspolitik in den öffentlichen Haushalten gezwungen. Nur so ließen sich die Doppeldefizite in Staatshaushalt und Leistungsbilanz eventuell noch finanzieren. Wachstumseinbrüche, ein stärkerer Anstieg der Arbeitslosigkeit, Lohneinbußen und ein Abbau in den sozialen Sicherungssystemen wären die Ergebnisse dieser Entwicklung. Mit hoher Wahrscheinlichkeit wären diese Staaten dann erneut auf öffentliche Kredite internationaler Institutionen, wie den IWF, angewiesen. Diese würden als Bedingung für die Kredite die Durchsetzung der oben beschriebenen Austeritätspolitik verlangen.

Berücksichtigt man ferner die obige Argumentation über den Zusammenhang von Abwertungen und Reallohnentwicklung, ergäbe sich für die aus dem Eurosystem ausscheidenden Schuldnerländer ein doppelter Zwang zur Deflation. Einerseits aufgrund des Versuchs, über Abwertungen zu einer Verbesserung der Wettbewerbsfähigkeit zu gelangen, was nur bei einem entsprechenden Abbau der Reallöhne gelingen kann. Andererseits aufgrund des Anstiegs des Zinsniveaus und der Finanzierungsengpässe in den öffentlichen Haushalten. Es erweist sich damit als recht naive Vorstellung, dass mit der Auflösung der Wirtschafts- und Währungsunion die bisherigen Eurostaaten einen größeren Spielraum für eine fortschrittliche Wachstums-, Beschäftigungs-, Sozial- und Lohnpolitik erlangen könnten. Die Abwertungspolitik würde einen Druck auf die Reallöhne auslösen und die sich aus der Rückkehr zu nationalen Währungen ergebenden Zinseffekte würden eine Sparpolitik in den öffentlichen Haushalten erzwingen.

Noch dramatischer, aber nicht unrealistisch, beschreibt Stephan Schulmeister die Folgen einer Euroabwicklung (Schulmeister 2013). Er sieht die Gefahr eines Wirtschaftskrieges, weil sich Gläubiger- und Schuldnerstaaten bei der Rückabwicklung des Euro nicht darauf einigen könnten, in welche nationale Währung die Staatsschulden zu transformieren seien. Es käme deshalb entweder zu Staatsbankrotten und in deren Folge zu einer generellen Finanzschmelze oder zu massiven Abwertungen in den Schuldnerländern, die aber die realwirtschaftliche Lage in den »Südstaaten« nicht verbessern würden, weil die Abwertungswettläufe zu einer Schrumpfung des Gesamthandels führten. Währungsabwertungen hätten die »Südstaaten« schon zwischen 1973 und 1999 ohne Erfolg ausprobiert. Die ökonomischen, sozialen und politischen Folgen einer Auflösung der Währungsunion wären so gewaltig, dass sie schlagartig die nationalistischen Feindseligkeiten in Europa intensivieren und in einen Wirtschaftskrieg münden würden.

Die Hauptschwäche der Eurexit-Position besteht in der mangelhaften Analyse eines Übergangsprozesses vom Euro zu einem System anpassungsfähiger Wechselkurse (EWS II), der – wie gerade dargestellt – für alle Beteiligten in eine große Krise münden würde, am stärksten in den Schuldnerländern. Während Höpner/Spielau noch kein Plädoyer für den Übergang zu einem EWS aussprechen mögen, weil die Übergangskosten schwierig zu analysieren seien (Höpner/Spielau 2015, 29f.), schlagen Höpner/Scharpf/Streeck (2016, 15) eine schrittweise Annäherung an ein EWS II vor. Dabei solle die EZB verhindern, dass die Schwachwährungen ins Bodenlose fallen. Warum aber soll die EZB durch Interventionen Schwachwährungen in ihre Bilanz nehmen, deren Kurse – wie viele Erfahrungen in der Vergangenheit zeigen – am Ende gegen die Spekulation doch nicht zu verteidigen sind und der EZB damit Bilanzverluste bescheren? Auch Joseph Stiglitz (siehe den Kasten auf S. 50f.) mogelt sich an einer Analyse der Übergangskrise vorbei. Seine Hoffnung, dass Deutschland und einige Hartwährungsländer den Euro verlassen und nicht die Schwachwährungsländer, ist ein frommer Wunsch. Warum soll Deutschland durch eine Aufwertung gegenüber den restlichen Euroländern die Kosten der Umstellung der Schulden auf sich nehmen? Der von den Schuldnerländern in Euro zu leistende Zins- und Schuldendienst würde nach der Aufwertung der DM für Deutschland erheblich an Wert verlieren. Darüber hinaus hat Deutschland generell keinerlei Interesse, das Eurosystem aufzugeben!

Joseph Stiglitz: Reform oder Scheidung vom Euro?

Vordergründig scheint das neue Buch von Joseph Stiglitz »The Euro and its threat to the future of Europe« die Eurexit-Position zu unterstützen (Stiglitz 2016). Dieser Eindruck täuscht aber insofern, als auch Stiglitz eine Radikalreform des Euroregimes für die beste Lösung hält (Kapitel 9). Er ist allerdings äußerst skeptisch, ob sich dieses Reformprogramm im ausreichenden Umfange und in ausreichender Geschwindigkeit umsetzen lässt (Ebd., 270f.). Deshalb müsse Europa dringend über zwei weitere Alternativen nachdenken: eine freundschaftliche Scheidung oder einen flexiblen Euro.

Im Scheidungskonzept verlassen Griechenland oder mehrere Schuldnerländer oder aber Deutschland mit einigen Nordländern die Eurozone. Beim Konzept des flexiblen Euros gibt es eine Rückkehr zu nationalen Währungen, die alleine oder in Gruppen mit festen, aber anpassungsfähigen Wechselkursen miteinander verbunden sind. Am besten sei es, wenn Deutschland mit wenigen Nordländern alleine die Zone verließe und die restlichen Staaten gemeinschaftlich den Euro behielten. Stiglitz räumt ein, dass beide Varianten nur durch eine Zustimmung Deutschlands politisch durchzusetzen seien.

Mit dieser Argumentation gerät der Autor aber in Widersprüche. Denn warum sollte Deutschland, das bei beiden Varianten als Aufwertungsland ökonomische Nachteile zu verzeichnen hätte und zudem noch laut Stiglitz als Gläubiger mit einem Schuldenschnitt einverstanden sein sollte, einer solchen Lösung politisch zustimmen? Darauf gibt er keine Antwort. Darüber hinaus geht Stiglitz mit keinem Wort auf die von uns oben diskutierten Probleme einer Abwertungsstrategie ein. Spätestens in Kapitel 11 (Towards a flexible Euro) hätte er auf die oben erwähnten Ungleichgewichte im EWS eingehen müssen, aber über die Erfahrungen der EU mit dem EWS verliert er im gesamten Buch über 450 Seiten kein Wort.

Auch die Zins- und Schuldenprobleme der Abwertungsländer sind für Stiglitz kein Thema. Die von Schulmeister in den Mittelpunkt gestellten Kämpfe zwischen Gläubiger- und Schuldnerstaaten über die Frage, in welcher Währung die Schulden denominiert werden sollen, bezeichnet er in einer Fußnote als schwieriges juristisches Problem, das zu lösen sei (sic!). Ebenso interessant ist es, dass die aus dem Euro ausgeschiedenen Staaten ihre Haushaltsdefizite einfach durch ihre nationalen Zentralbanken finanzieren lassen sollen. Auf diese Weise hofft Stiglitz anscheinend, das lästige Problem der Abhängigkeit von den internationalen Kapitalmärkten zu »lösen«.

Um die Frage von Abwertungen, Wettbewerbsfähigkeit und Reallöhnen schließlich mogelt sich Stiglitz durch seine Idee der parallelen Einführung von »trade chits« vorbei. Danach sollen die Exporteure eines Landes »trade chits« erhalten, die sie auf einem Markt den Importeurinnen und Importeuren zum Kauf anbieten. Diese können nur im Umfange des Volumens der »trade chits»« Importe tätigen, sodass die Handelsbilanz sich immer im Gleichgewicht befindet. Verliert also ein Land an Wettbewerbsfähigkeit und damit Exportumsätzen, werden die Importe wegen der begrenzten »trade chits»« automatisch gekürzt. Der Handel bleibt ausgeglichen.

Dass dieses System einer Deflationspolitik gleichkommt, weil die Krise des Landes aufgrund der Importbremsen noch verschärft würde, ist kein Thema des Buchs.

Kapitel 5
Die sechs Säulen einer radikalen Euro-Reform: Mehr Europa, aber anders

Angesichts der negativen Folgen eines Ausstiegs aus dem Euro ist es vernünftiger, für eine radikale Reform des Euroregimes zu kämpfen. Dabei geht es um einen tiefgreifenden Paradigmenwechsel: Die Aufhebung der institutionellen Fehlkonstruktion der Maastrichter WWU ist mit dem Übergang zu einer alternativen Wirtschaftspolitik sowie einer solidarischen europäischen Transfer-, Sozial- und Finanzmarktpolitik zu verbinden. In diesem Alternativprogramm sind folgende Elemente essenziell:

1. eine neue europäische Wirtschaftspolitik
2. eine Ausgleichsunion zur Vermeidung von außenwirtschaftlichen Ungleichgewichten zwischen den Mitgliedstaaten,
3. eine gemeinsame Schuldenpolitik,
4. eine europäische Regulierung der Sozialpolitiken zur Überwindung des Systems der Wettbewerbsstaaten,
5. eine stärkere Regulierung der Finanzmärkte sowie
6. eine demokratisch legitimierte und kontrollierte Europäische Wirtschaftsregierung.

Die Grundzüge eines solchen Alternativprogramms werden im Folgenden beschrieben.

5.1 Ein Ende der Austerität: expansive Fiskalpolitik und Europäische Investitionsprogramme

Die expansive Geld- und Fiskalpolitik der USA nach der Krise 2008/2009 hat zu einer raschen Erholung von Produktion, Beschäftigung und Einkommen geführt. In der EU/Eurozone ist die Krise dagegen nach wie vor nicht überwunden. Die Konjunktur ist schwach, die Arbeitslosigkeit hoch, die Peripherie ist verarmt und es gibt wenig Aussicht auf Besserung.

Angesichts dieser schlechten Wirtschaftslage hat die Europäische Zentralbank die Leitzinsen drastisch gedrückt und Billionen schwere Kaufprogramme für Anleihen aufgelegt. Das billige Geld soll Investitionen in die Realwirtschaft anregen, wird jedoch mangels realwirtschaftlicher Aussichten nicht ausreichend abgerufen. Der erste entscheidende Schritt müsste deshalb die Ablösung der Austeritätspolitik durch eine expansive Wachstums- und Beschäftigungspolitik sein.

Die neue Wirtschaftspolitik der EU müsste aus zwei Elementen bestehen: zum einen einer expansiven europäischen Fiskalpolitik, zum anderen einem europäischen Investitionsprogramm, das auch der Lösung industrieller und regionaler Strukturprobleme dient. Sowohl die Fiskalpolitik als auch das Investitionsprogramm wären von einer neuen demokratisch gewählten Europäischen Wirtschaftsregierung (EWiR) durchzuführen (vgl. 5.6).

Die EWiR müsste für die europäische Fiskalpolitik einerseits über einen wesentlich vergrößerten EU-Haushalt verfügen, andererseits über die Kompetenz, im Zusammenspiel mit dem Europäischen Parlament die Eckwerte der nationalen Haushaltspolitiken zu steuern. Durch Vertragsänderungen müssten die bisherigen Fesseln für eine expansive makroökonomische Politik in Gestalt der Schuldenregeln des Maastrichter Vertrages, des Wachstums- und Stabilitätspakts samt seiner Reformen sowie der Schuldenbremse des europäischen Fiskalpaktes abgestreift werden.

Stattdessen müssten als neue Zielindikatoren für eine veränderte europäische Wirtschafts-, Finanz- und Geldpolitik ein hohes Beschäftigungsniveau mit guter Arbeit, ein angemessenes nachhaltiges Wirtschaftswachstum, eine moderate Zielinflationsrate (derzeit 2%), ein außenwirtschaftliches Gleichgewicht, Maßnahmen für einen sozial-ökologischen Umbau sowie ein hohes Maß an Verteilungsgerechtigkeit in die Verträge aufgenommen werden.

Im Unterschied zu echten Bundesstaaten verfügt die EU nicht über einen zentralen Bundeshaushalt, auf dessen Basis eine europäische Fiskalpolitik durchgeführt werden könnte. Wie schon im keynesianisch geprägten Werner-Plan zur Einführung einer gemeinsamen Währung von 1970 vorgesehen, muss deshalb ein demokratisch gewähltes und kontrolliertes wirtschaftspolitisches

Entscheidungsgremium auf EU-Ebene geschaffen werden, das die Eckdaten der nationalen Staatshaushalte festlegt. Nur so lässt sich eine effektive europäische Fiskalpolitik gestalten. Durch eine bloße Koordinierung der nationalen Haushaltspolitiken wäre dieses Ziel nicht zu erreichen. Die Festlegung der Eckdaten der Haushalte durch die EWiR ließe den Nationalstaaten genügend Spielraum für die konkrete Ausgestaltung der öffentlichen Ausgaben mit je spezifischen nationalen Schwerpunktsetzungen.[8] Zur Stärkung des EU-Haushalts sollten die EU-Eigenmittel deutlich erhöht werden. Dies könnte weitgehend durch Umschichtungen von nationalen Steuereinnahmen auf die EU-Ebene erfolgen (etwa durch weitere Anteile an der Mehrwertsteuer) und von gezielten Steuererhöhungen für Unternehmen, hohe Einkommen und Vermögen auf nationaler Ebene begleitet werden.

Die EWiR müsste im Zuge des Politikwechsels in der Makropolitik in Deutschland, das mittlerweile sowohl Haushaltsüberschüsse als auch einen großen Leistungsbilanzüberschuss verzeichnet, eine expansive Fiskalpolitik durchsetzen. Statt einen Teil seiner Ersparnisse in Form von Kapitalexporten ins Ausland zu transferieren, um die Leistungsbilanzdefizite seiner europäischen Partnerländer mit zu finanzieren, sollten diese Mittel in Deutschland in das Schul- und Hochschulsystem, in Forschung und Entwicklung, in den Gesundheitssektor und die vielfach marode Infrastruktur (Straßen, Wasserwege, Brücken, öffentliche Gebäude ...) investiert

---

[8] Im linken politischen Kontext ist häufig das Argument zu hören, eine EWiR würde zu einer Radikalisierung der momentanen europäischen Austeritätspolitik führen und sei von daher abzulehnen. Dies ist eine verkürzte Sichtweise. Eine demokratisch gewählte und kontrollierte EWiR würde – wie in jedem Bundesstaat – je nach den politischen Mehrheitsverhältnissen die Grundzüge der Wirtschaftspolitik festlegen, konservativ-liberal oder sozialdemokratisch/sozialistisch oder rot-rot-grün. Dies ist eine selbstverständliche demokratische Praxis, die auch auf EU-Ebene zu gelten hätte.
Auch das Argument, nicht einmal in Deutschland könne die Bundesregierung die Eckdaten der Haushalte der Bundesländer festlegen, überzeugt nicht. In Deutschland kann der Bund mithilfe des starken Bundeshaushaltes Fiskalpolitik betreiben, die EU verfügt nicht über diese Möglichkeit und muss deshalb bei der Gestaltung der europäischen Fiskalpolitik die nationalen Haushalte mitgestalten können.

werden. Damit könnte die Binnenwirtschaft in Deutschland stimuliert, die Nachfrage nach Waren und Dienstleistungen aus den Partnerländern gesteigert und die Überschüsse in der Leistungsbilanz reduziert werden.

In Frankreich, Spanien, Portugal, Italien und Griechenland hätte die neue EWiR dafür Sorge zu tragen, dass durch die Aufhebung der Austeritätspolitiken Spielräume für eine neue Wachstumspolitik geschaffen werden. Wenn die realen Zuwachsraten des BIP größer sind als die realen Zinssätze und diese Differenz nicht durch zu hohe Defizite in den primären öffentlichen Haushalten aufgezehrt wird, sinken die Schuldenquoten dieser Länder. Ein Blick in die makroökonomischen Daten dieser Staaten zeigt, dass dies durchaus keine Utopie ist. Die Realzinsen dieser Staaten könnten dabei durch die Einführung von Eurobonds (siehe 5.3) verringert werden. Es ist auch zu berücksichtigen, dass sich eventuelle Defizite in den Primärhaushalten bei größeren Wachstumsraten des BIP durch höhere Steuereinnahmen reduzieren lassen.

Die zweite Komponente der neuen Wirtschaftspolitik wäre ein umfassendes europäisches Investitionsprogramm. Infolge der Krise sind die Investitionen in einigen Staaten regelrecht kollabiert – in Griechenland sind sie um 70% eingebrochen, in Italien, Spanien und Portugal um 30% (Deutsche Bundesbank 2016). Dieser Einbruch spiegelt zum einen den nicht nachhaltigen Boom vor der Krise wider, aber auch den wirtschaftlichen Niedergang seitdem. Im Durchschnitt der Eurozone liegen die Investitionen etwa 15% niedriger als vor der Krise. Auch in Deutschland, wo der Vorkrisenstand inzwischen wieder geringfügig überschritten wird, liegt die Investitionsquote dennoch deutlich unter dem Stand von vor 20 Jahren. Der Verfall der öffentlichen Infrastruktur wird inzwischen selbst im Ausland als besonderes deutsches Problem rezipiert.

Die EU-Kommission hat angesichts dieser Lage nach dem Amtsantritt von Kommissionspräsident Juncker eine Investitionsoffensive verkündet. Der sogenannte Juncker-Plan krankt aber daran, dass die EU kein frisches Geld dafür mobilisieren konnte. Die aus dem EU-Haushalt bereitgestellten 16 Milliarden Euro wurden durch Umschichtungen gewonnen, u.a. aus der Forschungsförderung, und sollen nun mithilfe der Europäischen Investitionsbank

(EIB) und privaten Investoren um ein Vielfaches auf insgesamt 315 Mrd. Euro gehebelt werden. Das Programm erstreckt sich nur über drei Jahre und erreicht bei voller Umsetzung gerade 0,5% des EU-BIP.

Dabei gibt es längst vielfältige Vorschläge für umfassendere Investitionsprogramme. Sowohl der Deutsche Gewerkschaftsbund mit seinem »Marshall-Plan für Europa« als auch der Europäische Gewerkschaftsbund (»Ein neuer Weg für Europa«) wollen über zehn Jahre Investitionen in Höhe von jährlich 2% des EU-BIP anstoßen (260 Milliarden Euro jährlich). Investitionen in dreistelliger Milliarden-Höhe sehen auch entsprechende Programme der Europa-Fraktionen der Sozialdemokratie (S&D), der Grünen (Grüne/EFA) und der Linken (GUE/NGL) vor (die Programme sind aufgeführt in Pianta 2016, 51f.).

Ein Investitionsprogramm in dieser Höhe ginge weit über ein Konjunkturprogramm hinaus. Es wäre bei entsprechender Ausrichtung auch Motor für den überfälligen sozial-ökologischen Umbau und würde zugleich die Wirtschaft für die Zukunft leistungsfähig machen (Strukturpolitik). Investitionsfelder wären Energieeffizienz und Erneuerbare Energien, industrielle Modernisierung, der Ausbau und Erhalt der öffentlichen Daseinsfürsorge und Verkehrsinfrastruktur, schnelle Internetverbindungen, Bildung und Forschung, der soziale Wohnungsbau sowie weitere öffentliche und soziale Dienstleistungen. Durch die gezielte Förderung von Projekten in den peripheren Südstaaten sowie in den mittel- und osteuropäischen Staaten könnte das Investitionsprogramm auch zur Reduzierung des Entwicklungsgefälles in der EU dienen.

Die zugrundeliegenden Investitionen müssten zunächst durch öffentliche Verschuldung vorfinanziert werden. Langfristig lassen sie sich teilweise oder vollständig durch verstärkte Steuermehreinnahmen gegenfinanzieren (ein optimales Investitionsprogramm senkt bekanntlich langfristig die Verschuldung, statt sie zu erhöhen und käme daher auch ohne Steuererhöhungen aus).

5.2 Eine europäische Ausgleichsunion: Leistungsbilanzen ins Lot bringen

Eine einheitliche Währung und Geldpolitik für eine Gruppe von Ländern mit recht unterschiedlichen Wirtschaftsstrukturen, Arbeitsmärkten und Unternehmenslandschaften führt unter Konkurrenzbedingungen notwendigerweise dazu, dass sich die Unterschiede dieser Länder eher verstärken. Die EU und die Eurozone erntet mit der derzeitigen Krise daher die Früchte ihres Leitbilds der Staatenkonkurrenz: Gewinner gibt es nur, wo es auch Verlierer gibt. In der ökonomischen Theorie werden die Verlierer von den Gewinnern verdrängt. Unter Staaten geht das nicht, denn ein Staat kann nicht einfach so vom Markt verschwinden wie ein Unternehmen.

Wie sehr sich die Eurozone in der Konkurrenz auseinanderentwickelt hat, zeigen die dramatischen Ungleichgewichte in den Leistungsbilanzen. Besonders Deutschland und die Niederlande haben gegenüber dem Ausland gewaltige Überschüsse aufgebaut, der größte Teil davon gegenüber den EU-Partnern. Seit 2002, also der Einführung des Euros als Bargeld, addieren sich die deutschen Leistungsbilanzüberschüsse auf 2,6 Billionen US-Dollar, die der Niederlande auf 0,8 Billionen US-Dollar. Die Salden sind in diesen Jahren kontinuierlich angestiegen und beliefen sich 2015 auf exorbitante Werte von 8,5 % des deutschen Bruttoinlandsprodukts bzw. 11 % des niederländischen Bruttoinlandsprodukts.

Nicht zufällig war Deutschland zugleich bis 2009 in der Eurozone das Land mit der niedrigsten Steigerung der Reallöhne, der niedrigsten Lohnstückkostenentwicklung und dem am schnellsten wachsenden Niedriglohnsektor. Die daraus folgenden Wettbewerbsvorteile hätten vor dem Euro theoretisch über den Wechselkurs ausgeglichen werden können. In der Eurozone ging dies nicht mehr.

Im gleichen Maße, wie diese Länder Überschüsse erwirtschaftet haben, mussten andere Länder Defizite hinnehmen. Die Krise der Eurozone ist vor allem und zuerst eine Auslandsschuldenkrise ganzer Volkswirtschaften – also der Auslandsschulden der privaten Haushalte, Banken und Unternehmen und des öffentlichen

58

Sektors. Sie ist nicht nur eine Staatsschuldenkrise. Erst durch die Rettungspakete für die Banken in Irland, Spanien, Portugal, Griechenland und Zypern verwandelten sich diese (Auslands-)Schulden des Privatsektors in Staatsschulden. Die in einzelnen Krisenstaaten bestehenden Missstände (z.B. die mangelhafte Steuerverwaltung in Griechenland, das Unternehmenssteuerdumping in Irland, Zyperns aufgeblähter Bankensektor, die Immobilienblase in Spanien etc.) sind selbstverständlich ebenfalls ursächlich.

Wenn die europäische Finanzkrise also vor allem eine Auslandsschuldenkrise ist, dann ist eine Lösung der Krise ohne ein Gegensteuern gegen die Leistungsbilanzungleichgewichte völlig aussichtslos. Dies ist eine ökonomische Binsenweisheit – nicht ohne Grund sieht auch das in Deutschland immer noch gültige »Gesetz zur Förderung der Stabilität und des Wachstums der Wirtschaft« von 1967 eine ausgeglichene Leistungsbilanz als eines von vier wirtschaftspolitischen Zielen vor.

Eine wichtige Lektion aus der aktuellen Krise muss daher ein reformiertes Leitbild der EWU sein, in dem außenwirtschaftliche Gleichgewichte zwischen den Mitgliedern der EWU als Ziel verankert werden und der entsprechende Anpassungsdruck zum Ausgleich auf Defizit- *und* Überschussländer gerichtet wird.

Zwar überwacht die EU im Rahmen des »Verfahrens zur Vermeidung und Korrektur makroökonomischer Ungleichgewichte« seit 2011 die Risiken von ungleichgewichtigen Wirtschaftsentwicklungen. Leistungsbilanzungleichgewichte werden dort aber nur als eines von zehn Kriterien berücksichtigt und Sanktionen können ausschließlich Defizitländern angedroht werden. Auch andere gesamtwirtschaftliche Ungleichgewichte werden nur aus der Sicht von Leistungsbilanzdefiziten problematisiert (z.B. Verlust von Exportmarktanteilen, Erhöhung von Lohnstückkosten). Diese einseitige Ausrichtung ist den Machtverhältnissen während der Verhandlungen um die Rettung des Euros geschuldet und folgt keiner stringenten Analyse.

Daher wird hier eine »Europäische Ausgleichsunion« vorgeschlagen, die sich als Gegenpol zum heute vorherrschenden Modell einer »Austeritätsunion« versteht, wie sie über den verschärften Europäischen Stabilitätspakt, den Europäischen Fiskalvertrag

Abbildung 2: Zielkorridore für Leistungsbilanzen in der Europäischen Ausgleichsunion über 25 Jahre für ein Land mit 50% Exportanteil am BIP

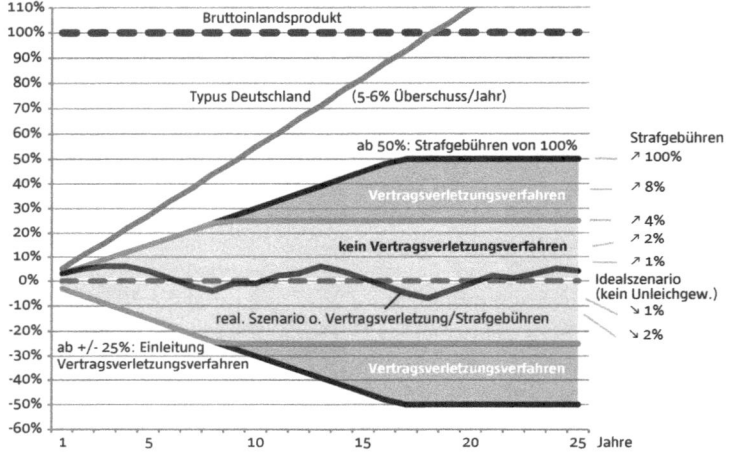

Quelle: Eigene Darstellung

und über die konkreten Vorbedingungen für die sogenannten Rettungspakete vor allem den Euro-Krisenländer aufgezwungen wird (Troost/Paus 2011). Ausgleich bedeutet stattdessen ein gemeinsames Hinwirken auf einen Ausgleich von beiden Seiten, d.h. von Ländern mit Leistungsbilanzüberschüssen und solchen mit Defiziten. Die Idee einer Ausgleichsunion ist inspiriert von John Maynard Keynes, der in den 1940er Jahren im Auftrag der britischen Regierung mit der International Clearing Union einen ähnlich gerichteten Vorschlag in die Verhandlungen über das Weltwirtschaftssystem der Nachkriegszeit einbrachte (Keynes 1941). Schon Keynes klagte darüber, dass die Verantwortung für Leistungsbilanzungleichgewichte und deren Korrektur nur den Schuldnern aufgebürdet worden sei.

Ausgangspunkt der Europäischen Ausgleichsunion ist die EU-weite Einführung verbindlicher Obergrenzen für Leistungsbilanzungleichgewichte. Pro Jahr sollten konjunkturbedingte Leistungs-

60

bilanzungleichgewichte nicht höher als 3% des BIP sein dürfen. Diese Begrenzung reicht aber nicht aus, denn ein Land, das permanent 3% Ungleichgewichte ansammelt, landet früher oder später unweigerlich in einer Schuldenfalle (bei dauerhaften Importüberschüssen) bzw. baut Gläubigeransprüche gegenüber seinen Handelspartnern auf (bei dauerhaften Exportüberschüssen), die wegen Überschuldung dieser Handelspartner irgendwann uneinbringlich werden.

Je größer der Exportsektor eines Landes in Relation zu seinem BIP ist, desto größer sind in der Regel seine Chancen, bestehende Auslandsschulden durch Exportüberschüsse abzubauen. Eine langfristige Obergrenze der Leistungsbilanzdefizite, d.h. eine maximale Höhe der Auslandsschulden, sollte daher auf die Höhe der jährlichen Exporteinnahmen begrenzt werden. Für ein Land vom Typus Deutschland, in dem knapp die Hälfte des BIP im Exportsektor entsteht, entspräche das einer Begrenzung der aufaddierten Ungleichgewichte auf 50% des BIP. Wo auch immer eine solche Obergrenze gezogen wird: Das Vorhandensein einer derartigen Obergrenze bedeutet für alle Länder, dass sie nach einem begrenzten Zeitraum von fortgesetzten Überschüssen oder Defiziten zu ausgeglichenen oder ins Gegenteil verkehrten Leistungsbilanzen wechseln müssen. Die Höhe der Obergrenze legt daher letztlich nur den maximalen Zeitraum fest, innerhalb dessen ein Land seine Außenwirtschaft auf den Pfad des Gleichgewichts bringen muss (siehe Abbildung 2).[9]

---

[9] Im entwicklungs- und wirtschaftspolitischen Diskurs wird häufig die Strategie vertreten, dass Länder durch Importe von angepasster Technologie und Kapitalgütern eine nachholende Industrialisierung erreichen sollen, um sich damit letztlich entlang der Wertschöpfungskette zu einem reichen, produktiven Wirtschaftsraum entwickeln zu können. Eine solche Strategie erfordert einen zeitlich befristeten Importüberschuss bei Kapitalgütern. Diese Strategie ist mit dem Kumulieren von Importüberschüssen über einen begrenzten Zeitraum in der Ausgleichsunion grundsätzlich vereinbar, aber die Spielräume dafür sind begrenzt. Um diese zu erweitern, sollte den industriell- und exportbezogen eher schwächeren Ländern in der Ausgleichsunion grundsätzlich die Möglichkeit eingeräumt werden, im Rahmen einer der EU vorzulegenden Entwicklungsstrategie befristet Leistungsbilanzdefizite vorzusehen, welche die Modellvorgaben überschreiten.

61

Um die Einhaltung der kurzfristigen Schwankungsbreite und der langfristigen Obergrenze durchzusetzen, erhält die Europäische Ausgleichsunion ein verbindliches Verfahren gestaffelter Anreize und Sanktionen ähnlich dem existierenden Stabilitäts- und Wachstumspakt für die öffentlichen Haushalte. Diese Sanktionen enthalten einerseits Strafzahlungen und andererseits politische Auflagen.

Die Sanktionen sollten für Staaten mit Überschüssen bewusst strenger gefasst sein als für Staaten mit Defiziten. Denn Überschussländer befinden sich in einer stärkeren Position und können deswegen viel einfacher Anpassungsleistungen erbringen als Defizitstaaten. Natürlich kann ein Staat seine Leistungsbilanz nur indirekt steuern. Der Charme des Verfahrens ist aber gerade, dass es den Staaten viele Spielräume lässt, wie sie das Ziel einer ausgeglichenen Leistungsbilanz erreichen wollen – was angesichts der unterschiedlichen Wirtschaftskulturen innerhalb Europas ein großer Vorteil ist.

Für ein Land wie Deutschland bedeutet ein Ausgleich der Leistungsbilanz eine gewaltige, langfristige Aufgabe und erfordert sowohl Maßnahmen zur Steigerung der Importe als auch eine Senkung der Exportabhängigkeit. Die sinnvollste Lösung läge zweifellos in der Ausweitung der Binnenkaufkraft über öffentliche Investitionen und ein höheres Lohnniveau. Öffentliche Investitionen sind angesichts des jahrelangen Investitionsstaus, der vielen ungedeckten Bedarfe und der extrem niedrigen Zinsen ohnehin angebracht. Bedarf besteht insbesondere in Projekten für Infrastruktur, Bildung, Energieeffizienz, Pflege und Gesundheit, Kinderbetreuung und nicht zuletzt im Ausbau des Dienstleistungs- und kommunalen Sektors. Dahinter müsste das Konzept eines sozial-ökologischen Umbaus zur Herausbildung neuer, mit der Umwelt verträglicher Lebensweisen und eines neuen Wohlstandstyps stehen.

Auch zu einer Anhebung des Lohnniveaus kann die Politik viel beitragen, z.B. durch die Erhöhung des gesetzlichen Mindestlohns, höhere Löhne im öffentlichen Dienst oder eine Erhöhung der staatlichen Transferleistungen für Erwerbslose und bei der Rente. Indirekt kann die Politik auch die Lohnentwicklung in der Privatwirtschaft erheblich beeinflussen. Komplementär wäre auch eine Einkommensteuerreform erforderlich, die Bürgerinnen und Bürger mit einer hohen Konsumquote entlastet (also die unteren Einkommensschichten) und Bürgerinnen und Bürger mit einer hohen Sparquote belastet (d.h. Spitzenverdienste).

Im Gegenzug müssten natürlich in Staaten mit hohen Leistungsbilanzdefiziten Maßnahmen zur Verringerung der Importe bzw. Erhöhung der Exporte erfolgen. Tatsächlich kam es in der Eurozone in den letzten Jahren zu einer beträchtlichen Verringerung der Leistungsbilanzdefizite, die aber zum Großteil durch austeritäre Maßnahmen erzwungen wurden (Senkung der Binnennachfrage durch Ausgabenkürzungen, Lohnsenkungen, etc.). Derzeit verzeichnet kein Euro-Staat mehr ein Leistungsbilanzdefizit, das als besorgniserregend anzusehen ist (im Gegensatz zu den Rekordüberschüssen Deutschlands und der Niederlande). Insofern ist der Handlungsbedarf hier wesentlich geringer bzw. stellt sich als Wiederaufbau der kaputtgesparten Wirtschaft und als langfristiger Abbau der bisher akkumulierten Auslandsschulden dar. Anzumerken ist dennoch, dass sich ein Abbau von Leistungsbilanzdefiziten langfristig auch auf andere Weise als durch Kürzungen erreichen lässt, beispielsweise durch die Förderung exportfähiger Unternehmen, Substitution von Energieimporten durch erneuerbare Energien oder Beschränkungen für die Einfuhr von Luxusgütern (z.B. Luxussteuer auf die Zulassung teurer Autos in Dänemark).

Wären alle Staaten der Eurozone zu einer ausgeglichenen Leistungsbilanz gezwungen, würde dies auch den Leistungsbilanzsaldo der Eurozone in Richtung Ausgleich zwingen. Derzeit verzeichnet die Eurozone gegenüber dem Rest der Welt einen hohen Überschuss. Dieser ist insofern problematisch, als die ihm gegenüberstehenden Defizite anderswo in der Welt Staaten in eine Auslandsschuldenfalle drängen können.

Im Idealfall funktioniert der Sanktionsmechanismus der Ausgleichsunion als Drohkulisse, damit sich alle Länder der EU bzw. der Währungsunion an einer verbesserten und vertieften makroökonomischen Koordinierung beteiligen. Denn nur, wenn die Mitgliedsländer ihre Wirtschafts-, Arbeitsmarkt-, Sozial-, Steuer- und Strukturpolitik sinnvoll und vorausschauend abstimmen, können die Grenzwerte der Ausgleichsunion eingehalten werden.

5.3 Eine gemeinschaftliche Schuldenpolitik

Im Verlaufe der Eurokrise wurde Ende 2010, insbesondere von Jean-Claude Juncker (damals Premierminister Luxemburgs) und Giulio Tremonti (damals italienischer Finanzminister), vorgeschlagen, im Rahmen der Reform der Eurozone Eurobonds einzuführen und zu diesem Zweck eine Europäische Schuldenagentur zu gründen.

Eurobonds sind von den EU-Staaten oder den Eurostaaten gemeinsam aufgenommene Staatsanleihen. Über diese Anleihen werden die Haushaltsdefizite und die Umschuldungen der bestehenden Altschulden aller Mitgliedsländer finanziert. Die Gemeinschaft trägt dabei zwar die gesamtschuldnerische Verantwortung für die Rückzahlung der Kreditsumme und die Zahlung der Zinsen, aber die Begleichung des Schuldendienstes verbleibt grundsätzlich bei den Mitgliedsländern. Ziel des Vorschlages ist es, auf diese Weise die Zinssätze der hoch verschuldeten Länder zu reduzieren sowie deren Erpressbarkeit durch die Finanzmärkte zu verhindern.

Durch die gemeinsame Herausgabe von Eurobonds würden für die stärker verschuldeten Länder eine Bonitätsverbesserung der Staatsanleihen und damit eine deutliche Zinsreduktion erreicht werden. Umgekehrt würden die Staaten mit besserer Bonität über den gemeinsamen Zinssatz einen geringen Anstieg der Finanzierungskosten für ihre Schulden in Kauf nehmen. Damit wäre die *No bailout*-Klausel des EU-Vertrages ausgehebelt und ein wichtiger Schritt in Richtung gemeinschaftlicher Solidarität sowie Politischer Union getan. Dies wäre ein Meilenstein bei der Überwindung der Defizite des Maastrichter Vertrages.[10]

---

[10] In Bezug auf die Realisierung von Eurobonds gibt es unterschiedliche Konzepte. Sehr verbreitet ist der Vorschlag, für jeden Staat Eurobonds nur bis zur Maastrichter Schuldenzielquote von 60% einzuführen, darüber hinaus aber den Staaten die Ausgabe von Bonds zu überlassen, also ab dieser Grenze weiterhin nationale Bonds mit entsprechender nationaler Haftung zu vergeben. Jacques Delpla und Jakob von Weizsäcker haben ein Konzept für diese Zweiteilung entwickelt, sie nennen die gemeinsamen Bonds blue bonds und die nationalen Bonds red bonds (Delpla/Weizsäcker 2011).

Der Sachverständigenrat hat darüber hinaus den Vorschlag unterbreitet, die Staatsschulden der Mitgliedstaaten, die 60% ihres BIP übersteigen, in einen gemeinsamen Schuldentilgungsfonds zu überführen. Dieser Fonds würde gemeinsame Anleihen ausgeben, was für die hoch verschuldeten Länder abermals den Vorteil der Reduktion ihrer Zinslasten mit sich brächte. Als Gegenleistung sollten sich diese Staaten verpflichten, durch entsprechend hohe Tilgungssätze ihre Schulden im Fonds innerhalb von 25 Jahren abzubauen, sodass jeder EU-Staat danach die Gesamtschuldenquote des EU-Vertrages von 60% einhalten würde.

Die Bewertung dieses Schuldentilgungsfonds ist von der Beurteilung der Eurobonds zu trennen. Eurobonds könnten ein wichtiger Schritt in Richtung europäische Solidargemeinschaft sein, insbesondere, wenn sie mit einem Konzept für eine Europäische Wirtschaftsregierung verbunden würden (siehe 5.6). Diese Verknüpfung ist elementar, denn in der Tat muss die Einführung von Eurobonds mit der Forderung verbunden werden, über eine Europäische Wirtschaftsregierung die nationalen Fiskalpolitiken gestalten zu können. Eine Supranationalisierung der Schuldenpolitik und eine Supranationalisierung der Fiskalpolitik sind zwingend notwendige Korrelate auf dem Weg zur Überwindung der Schwächen des Maastrichter Vertrages.

Die Anleihen des Schuldentilgungsfonds des Sachverständigenrats sind faktisch eine auf die Tilgungsdauer befristete Form von Eurobonds. Die Befristung käme den Bedenken des Bundesverfassungsgerichts entgegen. Der Fonds hat allerdings den Nachteil, dass die hoch verschuldeten EU-Staaten (z.B. Griechenland, Italien und Belgien) sehr hohe Tilgungsraten akzeptieren müssten, die den Spielraum für ihre Wirtschaftspolitik und damit für ihre wirtschaftliche Entwicklung stark beeinträchtigen können. Wenn sich dieses Problem durch die Einführung differenzierter Tilgungsfristen entschärfen ließe, könnte das Instrument des Schuldentilgungsfonds allerdings sinnvoll sein.

Die gemeinsame Schuldenaufnahme ist eine nach vorn gerichtete Solidarpolitik. Retrospektiv lässt sich jedoch noch feststellen, dass die Flucht von Investoren aus den Anleihen der Krisenstaaten gleichzeitig einen Ansturm auf die Anleihen der wirtschaftlich starken Staaten auslöste (Flucht in den »sicheren Hafen«). Die durch die niedrigen Leitzinsen der EZB ohnehin schon niedrigen Zinsen auf Staatsanleihen wurden durch diesen Ansturm noch zusätzlich gedrückt. Das Institut für Weltwirtschaft schätzt die kumulierte Zinsentlastung des Bundes für die in den Jahren 2009 bis 2012 emittierten Wertpapiere auf 68 Milliarden Euro,[11] wovon etwa 12 Milliarden Euro auf den »Sicheren-Hafen-Effekt« zurückgehen (Boysen-Hogrefe 2012). Diese Zinsvorteile stehen natürlich im Gegensatz zum Solidaritätsgedanken: An der Krise in den Staaten der Peripherie soll Deutschland nicht noch verdienen. Dementsprechend wäre es angemessen, wenn Deutschland und die anderen Top-Gläubiger der Eurozone der Gemeinschaft die kumulierten Zinsvorteile aus dem »Sicheren-Hafen-Effekt« zukommen ließen, etwa als Einzahlung in einen Fonds zur Finanzierung des in Abschnitt 5.1 genannten europäischen Investitionsprogramms.

5.4 Wege zu einer europäischen Sozialunion

Momentan unternimmt die Europäische Kommission im Rahmen der Umsetzung des bereits erwähnten Fünf-Präsidenten-Berichts (Juncker u.a. 2015) einen neuen Anlauf für eine Stärkung der sozialen Dimension der Integration. Dieser läuft aber letztlich nur auf eine Wiederbelebung des vielfach versandeten sozialen Dialogs in seinen verschiedenen Ausgestaltungen hinaus. Der Europäische Gewerkschaftsbund (EGB) hat diesen neuen Anlauf zum Anlass genommen, einen eigenen Vorschlag zur Vertiefung der sozialen Dimension zu machen. Die Stoßrichtung dieser EGB-Initiative, »Working for a Better Deal for All Workers«, mit ihrer Kritik an der Austeritätspolitik sowie dem Ruf nach einer expansiven Wirtschaftspolitik und einer Vertiefung der sozialen Dimension ist dringend notwendig und gehört unmittelbar auf die politische Agenda der EU (ETUC 2016). In allen Prioritätsfeldern, »a pay

---

[11] Jüngere Schätzungen gehen allein für den Zeitraum 2010 bis 2015 sogar von mehr als 100 Milliarden Euro Zinsersparnis des Bundes aus (vgl. Gary 2015). Bei dieser Rechnung sind jedoch auch noch Effekte aus der für deutsche Verhältnisse zu laxen Geldpolitik enthalten.

66

rise«, »improved workers' rights«, »fair mobility«, »secure labour market transitions« sowie »social protection and public services« werden wichtige Forderungen erhoben. Diese sind aber überwiegend so allgemein formuliert, dass viele politische Strömungen ihnen zustimmen können, und benennen kaum Instrumente zu ihrer Realisierung.

Unter Bezug auf die Überlegungen des Sozialkommissars Andor (Non-Paper 2013) geht es im Folgenden darum, ein möglichst umfassendes Konzept zur Weiterentwicklung der sozialen Dimension der Europäischen Union vorzulegen, denn das scheint in der momentanen Debatte das entscheidende Desiderat zu sein.

Unter Sozialpolitik werden hier nicht nur die Politiken verstanden, die sich auf die Systeme der sozialen Sicherheit (Renten, Gesundheit, Familien, Arbeitslosigkeit) beziehen (Sozialpolitik im engeren Sinne). Vielmehr geht es um einen umfassenden Begriff, der alle Politikfelder rund um die soziale Lage der Menschen in der EU umfasst. Diese ist im Wesentlichen von drei Bereichen abhängig:
- der Situation auf dem Arbeitsmarkt,
- der Lohn- und Einkommensentwicklung und
- der Absicherung, welche die wohlfahrtsstaatlichen Systeme (Renten, Gesundheit etc.) bieten.

Sozialpolitik im weiteren Sinne umfasst deshalb die Arbeitsmarkt- und Beschäftigungspolitik, die Lohn- und Einkommenspolitik sowie die wohlfahrtsstaatliche Politik.

Der hier unterstützte Vorschlag zur Vertiefung der sozialen Dimension der Europäischen Union beinhaltet alle drei genannten Politikbereiche. In allen drei Feldern umfasst er zwei Elemente:
- Erstens einen Satz an Indikatoren, der über Ungleichgewichte und Disparitäten auf dem Arbeitsmarkt, in der Lohn- und Einkommensentwicklung und in den Systemen der sozialen Sicherheit Auskunft gibt, und
- zweitens einen Satz an Instrumenten, der zur Beseitigung der jeweiligen Ungleichgewichte und Disparitäten geeignet ist. Bei den Indikatoren und den Instrumenten sollte nach Hauptgrößen und ergänzenden Größen differenziert werden, um Dringlichkeitsstufen des politischen Handelns und damit auch Dringlichkeitsstufen der Vertiefung der europäischen Sozialpolitik zu

unterscheiden. Aus Platzgründen werden im Folgenden nur die Hauptindikatoren und Hauptinstrumente vorgestellt (zur Vertiefung vgl. Bsirske/Busch 2013).

Bezüglich aller Indikatoren sollten jährlich statistische Daten und Analysen vorgelegt werden, in denen über einen längeren Zeitraum für die einzelnen Mitgliedstaaten die Entwicklung der Indikatoren, ihre aktuellen Abweichungen vom historischen Trend im jeweiligen Land und ihre Abweichungen vom Mittelwert der EU-Staaten bzw. der Staaten der Eurozone untersucht werden. Es sollten Schwellenwerte für die Abweichungen festgelegt werden, die präventive Maßnahmen auslösen. Darüber hinaus sollten Schwellenwerte bestimmt werden, die zu sanktionsbewehrten korrektiven Maßnahmen führen. Die Europäische Kommission müsste auf der Basis dieser Analysen einen jährlichen Bericht »Zur Entwicklung der sozialen Lage in der EU« vorlegen. Die Mitgliedstaaten müssten jeweils einen nationalen Aktionsplan erarbeiten, in dem die geplanten präventiven und korrektiven Maßnahmen erläutert und die bisherigen Erfolge und Misserfolge bei der Umsetzung der vereinbarten europäischen Instrumente diskutiert werden.

Eine europäische Arbeitsmarkt- und Beschäftigungspolitik
Seit Beginn der internationalen Finanzkrise 2008 sind in der EU steigende Arbeitslosenquoten, extrem hohe Jugendarbeitslosenquoten und eine starke Zunahme prekärer Arbeitsverhältnisse zu beobachten. In historischer Perspektive bewegen sich die Fehlentwicklungen und Missstände auf dem Arbeitsmarkt auf Höchstständen.

In diesem Politikfeld sollte es drei Hauptindikatoren geben: die Arbeitslosenquote, die NEET-Rate für Jugendliche (Not in Employment, Education or Training) und den Anteil prekärer Beschäftigungsverhältnisse. Diese Größen geben Aufschluss über Fehlentwicklungen auf dem Arbeitsmarkt, über den Anteil Jugendlicher ohne Arbeit, Ausbildung oder Trainingsmaßnahme sowie über das Ausmaß der Beschäftigung in Form von Halbtagsarbeit, befristeter Arbeit, Leiharbeit, Werkverträgen, Mini- und Midi-Jobs (Disparitäten auf dem Arbeitsmarkt). In den nationalen und den europäischen Berichten sind die Ursachen dieser Entwick-

68

lungen und der Abweichungen zu analysieren: die konjunkturelle Entwicklung, die Auswirkungen der Austeritätspolitik, mögliche Verschiebungen in der Wettbewerbsfähigkeit des Landes, exogene Einflüsse des Weltmarktes etc.

Schon durch die Festlegung einer Obergrenze für die Arbeitslosenquote würde die europäische Sozialpolitik gestärkt. Sie würde erheblich an Bedeutung gewinnen. Dabei würde klar: Eine solche europäische Sozialpolitik hätte weitreichende Konsequenzen für die Wirtschaftspolitik. Zwangsläufig müsste die EU die blinde, neoliberale Austeritätspolitik beenden und ein neues wirtschaftspolitisches Paradigma in den Blick nehmen.

Hauptinstrumente zur Bekämpfung von Fehlentwicklungen und Disparitäten sind die nationalen und europäischen makroökonomischen Politiken zur Überwindung der Arbeitslosigkeit, eine europäisch koordinierte Jobgarantie für Jugendliche sowie eine Reihe europäischer Arbeitsmarktregulierungen zur Bekämpfung der prekären Beschäftigungsverhältnisse, z.B. gleicher Lohn für Stammarbeiterinnen und Stammarbeiter und für Leiharbeiterinnen und Leiharbeiter, eine strenge Eingrenzung von Werkverträgen und eine scharfe Kontrolle der entsendeten Arbeitnehmerinnen und Arbeitnehmer in der EU nach dem Grundsatz »gleicher Lohn für gleiche Arbeit am gleichen Ort« (Produktionsortprinzip).

Eine europäische Lohn- und Einkommenspolitik
Die Lohn- und Einkommensentwicklung in der EU ist seit über einem Jahrzehnt von großen Ungleichgewichten und Fehlentwicklungen geprägt: In der überwiegenden Zahl von Ländern hat es eine Umverteilung zu Gunsten der Kapitaleinkommen gegeben, bis zum Jahre 2011 am stärksten in Deutschland. Gleichzeitig sind in vielen Staaten der Niedriglohnsektor und die Armutsraten stark angewachsen.

Hauptindikatoren in diesem Politikfeld sind: die realen Lohnstückkosten, der Anteil des Niedriglohnsektors und die Armutsraten. Diese Indikatoren zeigen, wie sich die Anteile von Lohnarbeit und Kapital am Gesamteinkommen verändert haben (Einkommensverteilung), wie stark der Niedriglohnsektor expandiert ist und wie viele Personen nur ein Einkommen von bis zu 60% des medianen Äquivalenzeinkommens erzielen. Auch für diese Größen sollten die Entwicklungen über einen Zeitraum von 15 Jahren untersucht und die Ursachen der möglichen Ungleichgewichte in der Einkommensverteilung analysiert werden. Ebenso sollten divergierende Entwicklungen zwischen den Mitgliedstaaten der Union erfasst und erklärt werden. Für den Anteil des Niedriglohnsektors und die Armutsraten könnten nationale und europäische Schwellenwerte festgelegt werden. Für die Einkommensverteilung könnten Abweichungsmargen vereinbart werden, die anzeigen, ab wann Umverteilungen zulasten der Einkommen aus unselbstständiger Arbeit korrektive Maßnahmen erforderlich machen.

Hauptinstrumente zur Vermeidung von Fehlentwicklungen und zur Bekämpfung von Disparitäten sind in diesem Bereich: die europäische Koordinierung der nationalen Tarifpolitiken gemäß der Regel »Inflationsrate plus Produktivitätswachstum«, europäische Regeln für die nationalen Mindestlöhne (diese sollten 60% des nationalen Durchschnittslohns betragen) sowie europäische Regeln für nationale Mindesteinkommen (Sozialhilfestandards). Während die Tarifkoordinierung eine Aufgabe der Tarifvertragsparteien wäre, müssten die Regeln für die Mindestlöhne und die Mindesteinkommen gesetzlich vereinbart werden.

Eine europäische Koordinierung der sozialen Sicherungssysteme
Zwischen den Sozialausgaben der Mitgliedstaaten und ihrem ökonomischen Entwicklungsniveau bestand bis zum Vorkrisenjahr 2007 ein enger statistischer Zusammenhang. Je höher das Pro-Kopf-Einkommen, desto höher die Pro-Kopf-Ausgaben für die soziale Sicherung (diese umfassen laut Eurostat Ausgaben für Alter, Arbeitslosigkeit, Familie und Kinder, Hinterbliebene, Invalidität/ Gebrechen, Krankheit/Gesundheitsversorgung, Soziale Exklusion und Wohnung, wobei in der EU-15 über 80% der Mittel auf die Bereiche Alterssicherung und Gesundheitsversorgung entfallen). Die Variation der Sozialausgaben »erklärte« sich zu über 90% aus der Variation der Pro-Kopf-Einkommen der Staaten. Allerdings gab es schon in den Jahren vor der Krise Staaten, die nach unten abwichen, die also weniger für die soziale Sicherung ausgaben, als ihrem Entwicklungsniveau entsprochen hätte. Dies waren vor allem

70

Irland, aber auch Estland, Lettland, Litauen, Großbritannien und Spanien. In der Vorkrisenzeit war darüber hinaus zu beobachten, dass die EU-Staaten in der Verteilung der Sozialschutzausgaben auf die einzelnen Funktionen (Rente, Gesundheit, Familien, Arbeitslosenunterstützung) sehr unterschiedliche Prioritäten setzen. Die Staaten des Südens bevorzugen die Rentensysteme und geben in relativen Größen weniger für Familien und Arbeitslose aus, anders als dies in den Staaten Mittel- und Nordeuropas der Fall ist, wo in relativen Größen mehr Mittel in die Funktionen Familie sowie Arbeitslosigkeit fließen.

Aus diesen Beobachtungen lassen sich zwei Schlüsse ziehen:

- Um den engen Zusammenhang zwischen Sozialausgaben und dem Entwicklungsniveau zu wahren, negative Abweichungen einzelner Staaten zu unterbinden und damit Sozialdumping zu vermeiden, ist es sinnvoll, auf der europäischen Ebene Koordinierungsregeln zu vereinbaren und Richtwerte für Sozialausgaben festzulegen.

- Dieser Regulierungsansatz sollte sich aber nicht auf die einzelnen Sozialschutzfunktionen beziehen, sondern bei den Gesamtausgaben für die Soziale Sicherung ansetzen (weder absolute noch relative Mindeststandardregeln sind angesichts der unterschiedlichen nationalen Prioritäten sinnvoll). Als Konzept sollte hier das Korridormodell gewählt werden, das darauf abzielt, den Zusammenhang zwischen ökonomischem und wohlfahrtstaatlichem Entwicklungsniveau durch quantitative Regeln auf der europäischen Ebene zu bewahren (vgl. Busch 2011).

Zusammengefasst: Das aus den genannten drei Bereichen bestehende Konzept für eine Vertiefung der Sozialpolitik der Europäischen Union stellt einen Bruch mit der herrschenden neoliberalen EU-Politik dar. Es fordert zur Überwindung der Arbeitsmarktkrise eine Politik nachhaltigen Wachstums sowie europäische Regelungen zur Beseitigung prekärer Arbeitsverhältnisse. Im Bereich der Lohn- und Einkommenspolitik setzt es sich vor allem für Maßnahmen ein, die für eine Überwindung von ruinöser Lohnkonkurrenz und von Lohndumping in Europa sorgen. Im Feld der sozialen Sicherheit soll die Entwicklung des Wohlfahrtsstaats an die ökonomische Leistungsfähigkeit der Staaten gekoppelt und auf diese Weise Sozialdumping vermieden werden.

Durch die Berücksichtigung der drei Politikfelder Arbeits- und Beschäftigungspolitik, Lohn- und Einkommenspolitik sowie Politik der sozialen Sicherheit handelt es sich bereits um einen sehr umfassenden Ansatz. Das Konzept könnte durch Überlegungen zur Einführung einer europäischen Arbeitslosenversicherung (siehe Kasten), zur Weiterentwicklung der Instrumente der europäischen Wirtschaftsdemokratie (Betriebsräte, Mitbestimmung, sozialer Dialog) sowie zur europäischen Dimension der Dienstleistungen im allgemeinen Interesse (Daseinsvorsorge) abgerundet werden.

Europäische Arbeitslosenversicherung

In den letzten Jahren wird in der EU verstärkt über die Einführung einer Europäischen Arbeitslosenversicherung diskutiert (Europäische Kommission 2012; Dullien/Fichtner 2012; Kullas/Sohn 2015). Dabei sind drei verschiedene Formen der Versicherung zu unterscheiden:

»Die Basisversicherung ist eine europäische Kernversicherung, die bedingungsunabhängig einen Teil der nationalen Arbeitslosenversicherungen ersetzt, und – falls von den Mitgliedstaaten gewünscht – von der nationalen Arbeitslosenversicherung ergänzt wird. Bei der echten Basisversicherung haben die Arbeitslosen eigene Ansprüche unmittelbar gegen die europäische Versicherung. Bei der unechten Basisversicherung erstattet diese den nationalen Arbeitslosenversicherungen deren Leistungen bis zu einer bestimmten EU-weit einheitlichen Grenze. Die Katastrophenversicherung ist eine europäische Arbeitslosenversicherung, die erst aktiviert wird, wenn ein Land von einem wirtschaftlichen Schock getroffen wird, der ›katastrophale‹ Auswirkungen für das Land hat.« (Kullas/Sohn 2015, 2)

Die Europäische Arbeitslosenversicherung könnte ein Stabilisierungsmechanismus sein, der hilft, asymmetrische konjunkturelle Entwicklungen zwischen den Mitgliedstaaten zu dämpfen. Länder in konjunkturellen Hochphasen hätten höhere Beiträge zu leisten, und Länder in Schwächephasen würden höhere Auszahlungen erhalten. Dadurch

72

würden die konjunkturellen Differenzen zwischen diesen Ländern abgemildert. Das DIW hat in Modellrechnungen zum Beispiel für Spanien errechnet, dass der Kriseneinbruch des Jahres 2009, der tatsächlich bei 3,8% des BIP lag, durch eine Europäische Arbeitslosenversicherung auf 3,1% reduziert worden wäre (Fichtner/Haan 2014; 849).

Darüber hinaus könnte eine Europäische Arbeitslosenversicherung ein politisches Signal senden. Angesichts der zunehmenden Kritik an der EU und der wachsenden Re-Nationalisierungstendenzen würde eine solche Versicherung eine positive Identifikation mit Europa unterstützen und eine direkte sozioökonomische Beziehung zwischen den Beschäftigten der Mitgliedstaaten schaffen.

Allerdings wären bei der Ausgestaltung der Europäischen Arbeitslosenversicherung die institutionellen Divergenzen der Arbeitsmärkte in den Mitgliedstaaten zu berücksichtigen, die zu strukturellen Differenzen in der Höhe der Arbeitslosigkeit beitragen können. Durch eine zeitliche Begrenzung der Leistungen der europäischen Versicherung sowie durch die Regel, dass sich Ein- und Auszahlungen über den Konjunkturzyklus eines Mitgliedslandes ausgleichen müssen, könnten die Effekte der Heterogenität der Arbeitsmärkte aufgefangen werden.

Diese Unterschiede könnten aber auch Motivation sein, nach der Einführung der Versicherung an einer Annäherung der institutionellen Rahmenbedingungen in den Staaten der Union zu arbeiten.

5.5 Schärfere Finanzmarkt-Regeln und eine schlagkräftigere Steuerpolitik

Mit der internationalen Finanzkrise wurde die Idee freier Finanzmärkte endgültig diskreditiert. Nach Jahren der Deregulierung ist nun eine schärfere Regulierung wieder in aller Munde. In der EU ist die Finanzmarktregulierung ein Aspekt des gemeinsamen Binnenmarkts und entsprechend stark europäischen Rechtsakten unterworfen. Durch die hohe Regelungsdichte auf der EU-Ebene ist eine eigenständige nationale Regulierung inzwischen nur noch sehr eingeschränkt möglich. Entsprechend ist die Re-Regulierung vor allem auf der europäischen Ebene anzusiedeln. Ganz maßgeblicher

Einfluss geht dabei aber von den nationalen Regierungen über den Europäischen Rat aus. Es wäre daher falsch, ihre Rolle zu negieren und die EU-Finanzmarktgesetze verkürzt auf ein Produkt von EU-Bürokratie und Lobbykratie zu reduzieren.

Auf die Finanzkrise ist bereits eine Vielzahl von Regulierungsmaßnahmen gefolgt. Einige davon haben bestimmte, für die Krise maßgebliche Finanzgeschäfte tatsächlich zurückgedrängt (sofern sie nicht ohnehin selbst zum Erliegen kamen). Im Wesentlichen lief die Regulierung aber auf eine Stabilisierung des bestehenden Systems hinaus. Anzumerken ist, dass diese Regulierung im Wesentlichen auf die Beschlüsse der G20 und globaler Gremien wie das Financial Stability Board (FSB) oder den Baseler Ausschuss für Bankenaufsicht zurückzuführen ist, die dann auf europäischer Ebene umgesetzt wurden. Über die G20-Agenda hinaus ist als maßgebliches europäisches Regulierungsprojekt einerseits die Bankenunion zu nennen, die eine Eurozonen-weite Vergemeinschaftung der Bankenaufsicht, der Abwicklung und der Einlagensicherung umfasst. Die dahinterstehende Europäisierung ist zwar einerseits zu begrüßen, die Konstruktionen leiden aber an verschiedenen Schwächen, wie der Nicht-Einbeziehung des britischen Finanzmarkts, der Wahl der EZB als Aufsichtsbehörde und der nach wie vor zu hohen Komplexität der zu beaufsichtigenden Banken.

Angestoßen, aber nicht umgesetzt ist ferner die gemeinsame Einführung einer Finanztransaktionsteuer durch zehn europäische Staaten im Rahmen des Verfahrens der Verstärkten Zusammenarbeit. Obwohl dafür seit Jahren ein Vorschlag der EU-Kommission vorliegt, laufen die Verhandlungen nur sehr schleppend. Am Ende dürfte die Steuer hinter ihrem Potenzial zurückbleiben, auch das Scheitern der Verhandlungen kann nicht völlig ausgeschlossen werden. Dabei ist die Finanztransaktionssteuer ein sehr effektives Mittel, um Spekulation einzudämmen und darüber hinaus Einnahmen für dringende gesellschaftliche Aufgaben – wie z.B. den Kampf gegen weltweite Armut oder für Umwelt- und Klimaschutz – zu mobilisieren.

Gleichermaßen Mittel und Zweck der Grunderneuerung des Finanzsektors ist es, die heutige Macht von Schlüsselakteuren wie Großbanken, Rating-Agenturen und großen Versicherungsunternehmen zu brechen – z. B. indem zukünftig bestimmte Geschäftsbereiche komplett wegfallen (wie der Eigenhandel der Banken). Dies bedeutet eine massive Schrumpfung des Finanzsektors auf eine Infrastruktur- und Dienstleistungsfunktion. Dies erfordert eine gesetzliche Beschränkung der Banken auf die Kernfunktionen Zahlungsverkehr, Einlagengeschäft und Kreditfinanzierung. Statt die Regulierung auf den Typus börsennotierter Großbank zuzuschneiden, wie es in der Regel der Fall ist, sollte stattdessen die Regulierung vom anderen Ende her gedacht werden – nämlich wie europaweit die Gründung von alternativen Banken nach dem Muster der Sparkassen, Genossenschaftsbanken und der öffentlichen Förderbanken befördert werden kann, die es in vielen europäischen Staaten nicht gibt. Gleichzeitig müssen Maßnahmen getroffen werden, welche die Umgehung der Regulierung durch Schattenbanken unterbinden.

Für Versicherungen steht eine deutliche (Rück-)Verlagerung der privaten Gesundheits- und Altersvorsorge in die gesetzliche und solidarische Sozialversicherung mit Umlagefinanzierung an, wie auch die Einschränkung ihrer kurzfristigen und spekulativen Anlagemöglichkeiten.

Um den Wildwuchs an Finanzprodukten zu beenden, eignet sich die Einführung eines europäischen Zulassungsverfahrens in Form eines »Finanz-TÜV«: Künftig müsste jedes Finanzinstrument ein Zulassungsverfahren durchlaufen, welches dieses auf seinen gesamtwirtschaftlichen Mehrwert und seine Kontrollierbarkeit überprüft – destabilisierender Spekulation mit exotischen Finanzprodukten wäre damit der Boden entzogen.

Ein weiteres wesentliches Spielfeld ist die Steuerpolitik. Diese liegt in der Kompetenz der Nationalstaaten. Der Steuerwettbewerb hat aber dazu geführt, dass eine eigenständige Steuerpolitik nur noch eingeschränkt möglich ist, weil das Kapital sehr mobil ist und sich mithilfe willfähriger Regierungen der Besteuerung entzieht. In den letzten Jahren hat sich dementsprechend der Beitrag der Gewinn- und Kapitaleinkünfte zum Steueraufkommen in der EU deutlich verringert. Aus Erfahrung zeigt sich: Steuerdumping ist nur durch eine geschickte Mischung aus internationaler Kooperation und Konfrontation zu lösen. Konzertierte Maßnahmen gegen Steuerhinterziehung und -vermeidung würden den Weg freimachen für die überfällige Umverteilung von oben nach unten, die dann durch höhere Steuern auf Gewinne, hohe Einkommen und Vermögen auf nationaler Ebene beschlossen werden müsste.

Aufgrund der vielen Steueroasen in den EU-Mitgliedstaaten kann diese Steuerpolitik nicht allein von der EU ausgehen. Punktuell (siehe z.b. die von der EU-Kommission aufgrund der Beihilferegelungen durchgesetzten Steuernachzahlungen von Apple an Irland, gegen die sich der irische Finanzminister paradoxerweise wegen Einnahmen von 13 Milliarden Euro wehrt) und bei der gesetzlichen Implementierung kann und muss die EU aber eine durchaus nützliche Funktion übernehmen. Ohne Einstimmigkeit könnte die EU z.B. bestimmte Berichtspflichten beschließen – wie etwa ein öffentliches Register von Firmeneigentümern oder die länderweise Aufschlüsselung von Unternehmensgewinnen und Steuerzahlungen (»country-by-country-reporting«). Zur Bekämpfung der Gewinnverlagerung von Unternehmen in Steueroasen gehört zudem auch eine internationale Harmonisierung der Unternehmenssteuer auf Basis einer breiten Bemessungsgrundlage und ausreichend hohem Mindeststeuersatz.

Darüber hinaus wären in einem koordinierten europäischen Vorgehen gezielte wirksame Maßnahmen gegen Steueroasen möglich. Dazu gehört eine Schwarze Liste von Steueroasen zur Einleitung von Sanktionen, eine Strafquellensteuer auf Zahlungen und Kapitaltransfers in Steueroasen und die Kündigung von bestehenden Doppelbesteuerungsabkommen mit Steueroasen. Der automatische Informationsaustausch über Kapitaleinkünfte muss um Schlupflöcher bereinigt und mit dem Gewicht der EU u.a. auch gegenüber den USA zur Geltung gebracht werden.

5.6 Eine demokratisch legitimierte Europäische Wirtschaftsregierung (EWiR)

Eingangs wurde schon beschrieben, dass die USA die Wirtschaftskrise von 2008/2009 wesentlich besser und schneller überwunden haben als die Eurozone (vgl. Kapitel 3). Das liegt zum einen an der

76

anderen Wirtschaftsphilosophie, die in den USA eine expansive Wirtschaftspolitik möglich gemacht hat, zum anderen aber auch an den günstigeren institutionellen Voraussetzungen, welche die USA für die Durchführung der Fiskalpolitik haben. Während dort auf der Basis eines großen Bundeshaushalts eine expansive Fiskalpolitik in Angriff genommen werden konnte, handelten in der EU in der Bekämpfung der Krise die Mitgliedstaaten jeweils für sich. Die Europäische Kommission versuchte zwar, diese Politiken zu koordinieren. Dies gelang aber nur mehr schlecht als recht.

Ein einheitliches Währungsgebiet bedarf zur Durchführung einer konsistenten Wirtschaftspolitik sowohl der Geldpolitik als auch der Fiskalpolitik. Der Föderalstaat USA ist dabei bisher dem Staatenverbund EU institutionell stark überlegen. Zur Zeit der Verabschiedung des Maastrichter Vertrages dominierte in der makroökonomischen Theorie in Europa darüber hinaus die Philosophie, dass eine Volkswirtschaft mithilfe der Geldpolitik besser zu steuern sei als mit der Fiskalpolitik.

Der Staat könne ohnehin nicht mit Steuern umgehen, von daher sei eine geringe Staatsquote und eine Politik der Schuldenbremsen die beste Ordnungspolitik. Aus diesem Grunde legt die Maastrichter WWU-Konstruktion großen Wert auf die Schuldenkriterien, vernachlässigt aber die Notwendigkeit einer expansiven Fiskalpolitik auf der europäischen Ebene nahezu komplett. Die Krise der Realwirtschaft infolge der großen Finanzkrise 2008/2009 hat gezeigt, wie falsch diese neoliberale Sicht der makroökonomischen Politik war.

Wer die Defizite des Maastrichter Vertrages heilen will, muss deshalb bei der Vertragsrevision großes Gewicht auf die Europäisierung der Fiskalpolitik legen. Der beste Weg dazu besteht in der Schaffung einer Europäischen Wirtschaftsregierung.

Eine neue europäische Wirtschaftspolitik (5.1), die Steuerung der europäischen Ausgleichsunion (5.2), die Durchführung eines gemeinschaftlichen Schuldenmanagements (5.3), die Durchführung einer umfassenden europäischen Sozialpolitik (5.4) und die Überwachung strikter Regeln für die Finanzmärkte (5.5) – alles das wären Aufgaben einer demokratisch gewählten supranationalen Wirtschaftsregierung in der Eurozone.

Im Unterschied zum Konzept einer Europäischen Wirtschaftsregierung des Europäischen Rates, das auf einer intergouvernementalen Kooperation der Mitgliedstaaten basiert, obliegt die Durchführung unseres Alternativprogramms einer demokratisch gewählten supranationalen Regierung. Dies setzt eine weitere Demokratisierung der Europäischen Union bzw. der Eurozone voraus. Da die Europäische Union auf kurze Sicht nicht über eine demokratisch gewählte Regierung verfügt, wäre zunächst nach einer Übergangslösung zu suchen.

Im Rahmen der gegebenen institutionellen Strukturen bietet sich folgende provisorische Ausgestaltung der EWiR an: Die Europäische Kommission erarbeitet die Grundzüge der Wirtschaftspolitik, die auch die Festlegung der Eckwerte der öffentlichen Zentralhaushalte der Mitgliedstaaten beinhaltet. Diese Grundzüge müssten vom Rat der Union in Gestalt des Rates für Wirtschaft und Finanzen (Ecofin) mit doppelter Mehrheit angenommen und vom Europäischen Parlament mit absoluter Mehrheit genehmigt werden (ordentliches Gesetzgebungsverfahren).

Es wäre zwingend notwendig, dass diese Wirtschaftsregierung auch die Kompetenz hätte, die Eckwerte der Haushaltspolitik der Mitgliedstaaten zu bestimmen, denn nur so könnte eine konsistente europäische Fiskalpolitik durchgeführt werden, die in Kooperation mit der EZB für die makroökonomische Stabilisierung der Union/der Eurozone Sorge tragen würde (vgl. dazu auch die Argumente in Kapitel 5.1.). Auch die nicht umgesetzte Blaupause der Barroso-Kommission aus dem Jahre 2012 für eine Vertiefung der Wirtschafts- und Währungsunion (vgl. den Kasten auf S. 32ff.) sieht eine solche Ausgestaltung der Entscheidungsverfahren in der europäischen Wirtschaftspolitik vor. Durch die Übertragung der Kompetenz zur Festlegung der Eckwerte der nationalen Haushalte auf die europäische Ebene – so dort die Argumentation – sei die Erweiterung der Kompetenzen des Europäischen Parlaments in Form des Kodezisionsverfahrens (ordentliches Gesetzgebungsverfahren) unabdingbar, d.h. der Rat der Union und das Europäische Parlament würden gleichrangige Gesetzgeber. Eine Europäisierung der Haushaltskompetenz erfordere die Kontrolle durch ein demokratisch gewähltes Europäisches Parlament. Dass die Kontrolle der EWiR sowohl dem Parlament als auch dem Rat obliegt, ist angesichts des starken Gewichts der nationalen Haushalte für die Durchführung einer europäischen Fiskalpolitik auch aus demokratischen Gründen zwingend.[12]

[12] Hätte die Eurozone bereits vor der großen Krise 2008/2009 über eine Europäische Wirtschaftsregierung verfügt, hätte dies folgende Vorteile gehabt: In Irland und Spanien, die wegen des Immobilienhypes nicht nachhaltige, hohe Zuwachsraten des BIP verzeichneten, hätte die EWiR eine restriktive Fiskalpolitik durchsetzen können, welche die überschäumende Konjunktur gebremst hätte. In Griechenland hätte sie die hohen Defizite in den öffentlichen Haushalten ablehnen können, die Griechenland schon 2010 eine Schuldenquote von fast 100% bescherten. Da Griechenland über hohe Zuwachsraten des BIP verfügte, wäre es angezeigt gewesen, diesem Staat eine stärkere Finanzierung seines Haushalts über Steuereinnahmen vorzuschreiben – Einnahmen, auf die in Griechenland nur aufgrund der Steuerkorruption und einer bewusst unfähigen Finanzverwaltung verzichtet wurde. Diese potenziellen Maßnahmen einer EWiR hätten die Krise von 2008/2009 zwar nicht verhindert, sie hätten aber die Überwindung der Krise wesentlich erleichtert, weil in allen drei Ländern im Vergleich zum Status quo die Schuldenquoten deutlich niedriger ausgefallen wären.

Für eine solidarische Europäische Union

Angesichts der fundamentalen Krise der EU plädiert diese Streitschrift mit Nachdruck für einen »Plan A«, durch den der Euro und die EU über eine Radikalreform stabilisiert werden sollen. Ansatzpunkte sind eine gemeinsame Sozial- und Wirtschaftspolitik der Mitgliedstaaten ebenso wie eine dezidierte Demokratisierung der EU. Das Konzept des »Plan B«, eines Ausstiegs aus dem Euro, wird dagegen entschieden abgelehnt, weil die Eurozone und die EU durch eine Rückkehr zu nationalen Währungen in eine noch schwerere ökonomische Krise gestürzt würden – am stärksten übrigens die schwächer entwickelten Mitgliedstaaten. Eine solche ökonomische Krise würde auch den Binnenmarkt zerstören und die Europäische Union dürfte eine solche schwere Krise politisch kaum überleben.

Die Argumentation der Anhängerinnen und Anhänger des »Plan B«, ein »Plan A« ließe sich politisch nicht durchsetzen, lässt sich ohne weiteres umkehren. Auch für einen »Plan B« gibt es heute in der EU nur an den politischen Rändern eine Unterstützung. Mehrheitsfähig ist »Plan B« nicht, alle wichtigen Mitgliedstaaten sperren sich mit Recht gegen dieses Konzept.

Der politische Mainstream schließlich verfügt zwar über politische Mehrheiten, hält aber keine Lösungen zur Überwindung der Krise der EU bereit. Die von den Staats- und Regierungsspitzen im September 2016 in Bratislava beschlossenen kleinen pragmatischen Schritte zur Weiterentwicklung der EU sind weder geeignet, die Flüchtlingskrise zu überwinden, noch werden sie zur Bewältigung der großen ökonomischen und sozialen Krise führen.

Aufgrund der tiefgreifenden Defizite der Maastrichter Wirtschafts- und Währungsunion und des ökonomischen und sozialen Kahlschlags, den die europäische Austeritätspolitik vor allem in Südeuropa angerichtet hat, sehen die Kritikerinnen und Kritiker am rechten und am linken Rand des politischen Spektrums vielfach nur noch eine Lösung in der Rückkehr zum Nationalstaat bzw. der Auflösung oder des Rückbaus des Euro. Sie übersehen dabei einerseits die genannten großen politischen und ökonomischen Risiken ihres Weges. Sie übersehen andererseits die Ohnmacht der Nationalstaaten bei der Bewältigung und Kontrolle der globalen ökologischen und ökonomischen Probleme der Welt, einschließlich der Krisenanfälligkeit der internationalen Finanzmärkte sowie der weiter wachsenden Migrations- und Flüchtlingsbewegungen. Die zentrale Botschaft dieser Streitschrift liegt in der These, dass die EU und der Euro sich reformieren lassen. Durch die Einführung der beschriebenen Reformen, wie der alternativen Wirtschaftspolitik, der Ausgleichsunion, der gemeinsamen Schuldenpolitik, der Schritte auf dem Wege zu einer europäischen Sozialunion sowie einer demokratisch gewählten und kontrollierten Europäischen Wirtschaftsregierung, lassen sich die EU und der Euro wirkungsvoll in Richtung eines solidarischen Europas transformieren.

Die Europäische Union wird nur überleben, wenn sie den Diskurs um die beste Vision für ihre Zukunft aufnimmt und im politischen Raum die progressiven Kräfte das Modell eines solidarischen Europas durchsetzen können.

Literatur

Barro, Robert/Sala-I-Martin, Xavier (1995): Economic Growth, New York

Boysen-Hogrefe, Jens (2012): Die Zinslast des Bundes in der Schuldenkrise: Wie lukrativ ist der »sichere Hafen«»«?, Kiel Working Paper 1780, Institut für Weltwirtschaft, Kiel

Bsirske, Frank/Busch, Klaus (2013): A Concept for Deepening the Social Dimension of the European Union, in: Social Europe Journal, 14.8.2013

Bsirske, Frank/Busch, Klaus/Höbel, Olivier/Knerler, Rainer/Scholz, Dieter (Hrsg.) (2016): Gewerkschaften in der Eurokrise – Nationaler Anpassungsdruck und europäische Strategien, Hamburg

Busch, Klaus (1994): Europäische Integration und Tarifpolitik – Lohnpolitische Konsequenzen der Wirtschafts- und Währungsunion, Köln

Busch, Klaus (2011): Das Korridormodell – relaunched, Friedrich-Ebert-Stiftung, Internationale Politikanalyse, Berlin

Busch, Klaus (2016): Das Versagen Europas – die Euro- und die Flüchtlingskrise sowie die »Brexit«-Diskussion, Hamburg

Delpla, Jacques/Weizäcker, Jakob von (2011): Eurobonds – Das Blue Bond-Konzept und seine Implikationen, Friedrich Ebert Stiftung, Berlin

Deutsche Bundesbank (2016): Zur Investitionstätigkeit im Euro-Raum, Monatsbericht Januar 2016, Frankfurt a.M.

Dornbusch, Rudiger/Fisher, Stanley/Startz, Richard (2003): Makroökonomik, 8. Aufl., München

Dullien, Sebastian/Fichtner, Ferdinand (2012): Eine Europäische Arbeitslosenversicherung für den Euroraum, in: DIW Wochenberichte, 43/12

ETUC (2016): Working for a Better Deal for All Workers (draft position), Brussels

Eurexit (2016): Aufruf: Initiative Eurexit – Eine Alternative zum Euro, Berlin, htt.//eurexit.de

Europäische Kommission (2012): Ein Konzept für eine Vertiefte und Echte Wirtschafts- und Währungsunion – Auftakt für eine Europäische Diskussion, COM (2012) 777 final/2, Brüssel

European Commission (2015): European Economic Forecast. Statistical Annex, Spring 2015, Brussels

Eurostat (2016): Statistics explained, Brussels

Fichtner, Ferdinand/Haan, Peter (2014): Europäische Arbeitslosenversicherung: Konjunkturstabilisierung ohne große Umverteilung der Haushaltseinkommen, in: DIW Wochenberichte, 37/2014

Fund for Peace (2015): Fragile States Index 2015, Washington D.C.

Gary, Geraldine u.a. (2015): Germany's benefit from the Greek Crisis, in: IWH online, 7/2015, www.iwh-halle.de

Höpner, Martin/Scharpf, Fritz/Streeck, Wolfgang (2016): Europa braucht die Nation, in: »Die Zeit«, 39/2016

Höpner, Martin/Spielau, Alexander (2015): Diskretionäre Wechselkursregime: Erfahrungen aus dem Europäischen Währungssystem, 1979-1998, in: MPIfG Discussion Paper, 11/2015

Jaekel, Richard (1985); Die Integrationswirkung des Europäischen Währungssystems, HWWA, Hamburg

Juncker, Jean-Claude u.a. (2015): Die Wirtschafts- und Währungsunion vollenden, Brüssel

Kasparek, Bernd/Tsianos, Vassilis S. (2012): This is not Europe! Reconstructing Schengen, in: Forschungsgruppe »Staatsprojekt Europa« (Hrsg.), Die EU in der Krise, Münster

Keynes, John Maynard (1941/1980): Activities 1940-1944: Shaping the Post-War World: The Clearing Union, in: The collected writings of John Maynard Keynes, Vol. XXV, Cambridge 1980

Kullas, Matthias/Sohn, Klaus-Dieter (2015): Europäische Arbeitslosenversicherung – ein wirkungsvoller Stabilisator für den Euroraum? CepStudie, April 2015

Lexit (2016): Manifest: Weg mit dem Euro-Regime, Wien, http://lexit-network.org

Non-Paper (2013): The social dimension of a genuine Economic and Monetary Union, Brussels

Negri, Toni/Mezzadra, Sandro (2014): Den neoliberalen Zauber brechen: Kampffeld Europa, www.zeitschrift-luxemburg.de/den-neoliberalen-zauber-brechen-kampffeld-europa/

Pianta, Mario/Lucchese, Matteo/Nascia, Leopoldo (2016): What is to be produced? The making of a new industrial policy in Europe, Rosa Luxemburg Stiftung, Juli 2016, Brüssel, www.rosalux.eu/publications/what-is-to-be-produced-the-making-of-a-new-industrial-policy-in-europe/

Rompuy, Herman Van/Barroso, Jose Manuel/Juncker, Jean-Claude/Draghi, Mario (2012): Towards a Genuine Economic and Monetary Union, Brussels

84

Schulmeister, Stephan (2013): Euroabwicklung: Der finale Schritt in den Wirtschaftskrieg, in: Blätter für deutsche und internationale Politik, 10/2103

Schwan, Gesine (2016): Ein Weg aus der aktuellen europäischen Misere in der Flüchtlingspolitik – als Chance für einen europäischen Neuanfang, Mai, http://restart-europe-now.eu/2016/05/05/ein-weg-heraus-aus-der-aktuellen-europaeischen-misere-in-der-fluechtlingspolitik/

Stiglitz, Joseph E. (2016): The Euro and Its Threat to the Future of Europe, London

Troost, Axel/Paus, Lisa (2011): Eine Europäische Ausgleichsunion – Die Währungsunion 2.0, Institut Solidarische Moderne, Denkanstöße, Nr. 13, März 2011

UNHCR (2015): Zahlen und Statistiken, Genf

Varoufakis, Yanis (2016): Wenn wir nicht nachgeben. Die europäische Linke nach dem Brexit: Die Perspektive der DiEM25-Bewegung, Neues Deutschland, 5.9.2016

Wissel, Jens (2015): Staatsprojekt Europa, Grundzüge einer materialistischen Theorie der Europäischen Union, Münster, S. 67ff.

Notizen

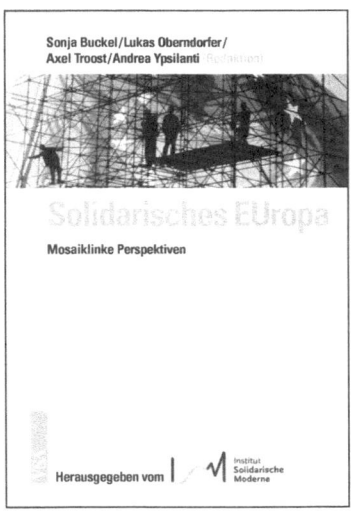